HISTOIRE AMOUREUSE

DE

Mme DE LA VALIÈRE.

Bonneville del et Sculp.

M.ᴵˡᴱ DE LA VALIERE

HISTOIRE AMOUREUSE

DE

Mme DE LA VALIÈRE,

RACONTÉE PAR LES AUTEURS DU TEMPS.

A PARIS,

Chez PIGOREAU, Libraire, place Saint-
Germain – l'Auxerrois.

AN XIII. — 1804.

AVIS DE L'ÉDITEUR.

DANS ces temps malheureux
où naguère la France gémissoit
sous le despotisme de la terreur
et du crime, où le plaisir et la joie
avoient fui loin de ces contrées,
les esprits, devenus sombres et
mélancoliques, n'aimoient qu'à se
repaître d'idées affreuses. De là
cette avidité avec laquelle on dé-
voroit les romans gigantesques
de madame Radgliffe; de là ces
châteaux abandonnés, ces ca-
vernes profondes, ces forêts si-
lencieuses, ces spectres, ces bri-
gands, ces poignards sanglans.
Un régime plus doux ramena

a

des idées plus riantes. Mais aujourd'hui que l'aurore du bonheur commence à luire sur l'emprit français, on aime à reporter ses regards en arrière, pour comparer le présent au passé. On aime sur-tout à se reporter aux beaux jours de Louis XIV. Un souverain puissant et glorieux, toujours accompagné de la victoire, une cour nombreuse et brillante, la renaissance des lettres et de tous les arts, telles sont les idées qui remplissent nos ames et nous font établir des parallèles qui ne sont pas à l'avantage des siècles passés. De cet esprit de comparaison vient la curiosité avec laquelle on relit aujourd'hui ces ouvrages qui sembloient menacés d'un long

oubli: les Mémoires de mademoiselle de Montpensier, les Sou-
venirs de madame de Caylus, la
Correspondance de Ninon de
l'Enclos, de là plus encore que
du grand nom de l'auteur, cet
empressement avec lequel on a
lu le roman historique de madame de Genlis, *la duchesse de la*
Valière. Il est vrai que l'esprit de
la cour y est si bien peint que l'on
croit être dans le palais du monarque et le suivre par-tout où il
porte ses pas.

Ici, ce n'est point la beauté des
pensées qu'il faut chercher ni le
charme de la diction, c'est le
style du comte de Bussy et de
quelques autres courtisans; c'est

un récit simple et fidèle, où les auteurs semblent s'entretenir familièrement avec le lecteur, et raconter des faits dont ils ont été témoins. Naïveté dans les récits, vérité dans les tableaux, voilà ce qu'il faut chercher dans ce livre.

Ceux qui n'ont point encore lu le roman de madame de Genlis, le liront peut-être pour voir avec quel talent elle a développé les idées de nos auteurs. Peut-être aussi ceux qui l'ont lu jetteront-ils un coup-d'œil sur cet ouvrage pour connoître les principales sources dans lesquelles elle a puisé le sien.

HISTOIRE AMOUREUSE

DE

Mᵐᵉ DE LA VALIÈRE

Louis XIV étoit à la fleur de son
âge : le royaume jouissoit d'une paix
profonde, et la tranquillité de l'état
laissoit assez de loisir à ce monarque,
pour lui permettre de donner une partie de son temps aux plaisirs. Depuis
son mariage ce n'étoit que rejouis-
sances , festins , ballets , courses de
bagues, carousels, tous passe-temps
qu'une ingénieuse et opulente oisiveté

A

a inventés pour divertir les rois, et pour briller aux yeux du peuple qui aime le spectacle, et qui ne jouit de la puissance des souverains que par les apparences de grandeur. Jamais prince n'entendit mieux que Louis XIV, cette pompe de bienséance qui fait honneur au trône quand on ne la pousse pas trop loin, et qui relève l'éclat de la royauté, quand on n'en fait pas un occupation.

Mais ces plaisirs d'éclat n'étoient pas pour lui les plus touchans. Il avoit le cœur tendre. Une épouse que lui avoient donnée des raisons d'état et non l'amour, ne pouvoit remplir le vide de son cœur; il lui falloit une femme de son choix.

Voyons-le donc, comme dit le comte de Bussy., voyons-le dans son lit d'amour avec aussi peu de timidité, que dans celui de justice, et n'oublions rien, s'il se peut, de toutes les démarches qu'il a faites, ni des soins du duc de Saint-Agnan, que nous appelerons désormais duc de Mercure, comme celui qui par ses peines a accouplé nos dieux, malgré la jalousie de nos déesses. Commençons par le fidèle portrait du roi, qui est grand, les épaules un peu larges, la jambe belle, dansant bien, fort adroit à tous les exercices du corps; il a assez l'air et le port d'un monarque, les cheveux presque noirs, marqué de petite vérole, les yeux brillans et doux, le nez bien fait, la bouche très-

agréable, et le sourire charmant ; les
cheveux châtains-bruns et naturelle-
ment enflés. Il a extrêmement d'esprit, son geste est admirable avec ce
qu'il aime, et l'on diroit qu'il réserve
le feu de son esprit, comme celui de
son corps, pour cela. Ce qui aide à
persuader qu'il en a infiniment, c'est
qu'il n'a jamais donné son attache qu'à
des personnes qui en eussent : il a avoué
que rien dans la vie ne le touche si
sensiblement que les plaisirs que l'a-
mour donne, et c'est là son penchant.
Beaucoup de courage, infatiguable,
variable, plein d'honneur, gardant sa
parole avec une fidélité extrême ; re-
connoissant, plein de probité, estimant
ceux qui en ont, haïssant ceux qui en

manquent, ferme à tout ce qu'il a entrepris. Quoique j'aie dit que son foible étoit pour les femmes, il n'en a pas aimé un aussi grand nombre que l'on pourroit croire.

C'est ici le lieu de parler des premières amours de ce prince. Quoiquelles n'aient éclaté proprement qu'après son mariage, elles avoient déjà fait quelque bruit avant la première marque de sensibilité qu'il ait donnée, et dont on ait eu connoissance, fut pour la fille d'un avocat qu'il vit aux Tuileries pour la première fois. Elle étoit blonde, et faite d'une manière à se faire remarquer. Le roi ayant été piqué de sa beauté et de sa jeunesse demanda qui elle étoit; mais il ne put

lui parler parcequ'il craignoit Mazarin, et que toute la cour, étoit alors
avec lui dans la grande allée.

Cependant le roi, qui en étoit épris,
lui détacha le duc de Guise, pour la
prier de passer dans une autre allée
plus solitaire, où il vouloit l'entretenir
pour éviter la foule qui commençoit à
le suivre, et pour en ôter sur-tout la
connoissance à la reine-mère et au
cardinal. Mais la demoiselle, qui avoit
autant d'esprit que de beauté, répondit modestement à ce duc, que si sa
majesté craignoit que le monde parlât,
et que la reine et le cardinal trouvas-
sent mauvais qu'il lui fit l'honneur de
l'entretenir dans un endroit aussi public que la grande allée, elle auroit

bien plus lieu de craindre la médisance si on les voyoit ensemble dans un endroit écarté; sur quoi lui ayant fait une profonde révérence, elle le quitta.

Peu de beautés auroient été aussi farouches. Le roi ne trouva plus depuis l'occasion de lui parler. Il passa plusieurs fois devant la maison de cette belle pour tâcher de la voir; mais le père ne se crut pas assez honoré de cette galanterie pour consentir que sa fille mit seulement la tête à la fenêtre, et il prit de si bonnes mesures pour la suite, qu'il fallut que le monarque en demeurât pour cette fois au desir.

Une autre inclination succéda bientôt à celle-ci. La cour est un pays où les occasions ne sont pas rares; et le roi qui avoit été élevé au milieu, des femmes, ne pouvoit manquer d'en trouver qui répondissent à ses vœux. Je crois même que plusieurs l'auroient prévenu, si ce n'est que sa grande jeunesse et la crainte qu'il avoit du cardinal, ne lui laissoient pas toute la liberté qu'on auroit souhaitée.

Quoiqu'il en soit, il se déclara pour mademoiselle de la Motte d'Argencourt de Languedoc, une des plus aimables suivantes de la reine, et qui dansoit mieux que personne. Le roi étoit aussi très-bon danseur, et il n'est pas surprenant que cette conformité lui ait fait prendre de l'amour pour une personne qui se signaloit dans cet exercice.

Ce commerce fut long-temps secret.
Le roi étoit encore sous la férule du
cardinal, et n'osoit donner aucun signe
de vie ni de royauté. Il cachoit son
amour pour mademoiselle de la Motte,
avec beaucoup de soin et de peine.
Cependant comme on ne manque point
de surveillans à la cour, ce commerce
fut enfin découvert : et le cardinal, par
son adresse, vint à bout de rompre leur
secrète intelligence.

Ce ne fut pas encore là la première
amourette du roi. Madame de Beau-
vais, première femme de chambre, et
favorite de la reine-mère, avoit eu les
prémices de ses caresses : elle n'étoit
rien moins que cruelle, et compatissoit
plus que femme du monde aux foi-

blesses du prochain. Le roi étoit pressé
et n'avoit point encore de maîtresse,
elle fit conscience de le voir languir
plus long-temps, et crut le devoir sou-
lager dans son impatience.

A mademoiselle la Mothe, succéda
mademoiselle Mancini nièce du cardinal. Cette fille n'avoit ni beauté, ni
bonne grace, elle étoit grosse et petite
dans sa taille, et avoit l'air d'une
marchande; mais de l'esprit comme
un ange, ce qui faisoit qu'en l'enten-
dant on oublioit qu'elle étoit laide, et
l'on s'y plaisoit volontiers. Comme
elle aimoit le roi, ils passoient, dit-on,
de bonnes heures ensemble, et souvent madame de Venelle, gouvernante
de la belle, les surprenoit comme ils

s'apprêtoient à goûter de grands plaisirs; mais il faut dire la vérité, que
leurs joies n'ont été qu'imparfaites.

Le roi l'auroit épousée sans les op-
positions du cardinal, qui étoit persé-
cuté de la reine. Cette princesse lui
fit promettre, un jour qu'il souhaita
d'elle des marques de son amour, qu'il
empêcheroit la chose. « Ce que je vous
» demande, lui disoit-elle, n'est pas
» une si grande preuve de votre pas-
» sion que vous pensez; car enfin, si
» le roi épouse votre nièce, bientôt
» après, il la répudiera et vous exile-
» ra, et je vous jure que cette dernière
» chose m'inquiétera plus que le ma-
» riage, quoique je voie absolument
» mes desseins ruinés pour la paix, si

» le roi n'épouse la fille du roi d'Es-
» pagne. »

Le cardinal promit tout à la reine,
pour avoir tout : ou plutôt eut l'air de
prendre par complaisance, un parti
que lui dictoit son propre intérêt. Et
bientôt après, il maria sa nièce au duc
de Colonne. Notre prince pleura, cria,
se jeta à ses pieds ; mais enfin il étoit
décidé que les deux amans se sépare-
roient. Cette amante désolée, étant
pressée à partir, et montant pour cet
effet en carrosse, dit fort spirituelle-
ment à son amant, qu'elle voyoit plus
mort que vif par l'excès de sa douleur :
*Vous pleurez, vous êtes roi, et ce-
pendant je suis malheureuse, et je
pars effectivement.* Le roi faillit mou-

rir de chagrin de cette séparation :
mais il étoit jeune, et à la fin il s'en
consola selon les apparences. Venons
maintenant à mademoiselle de la Valière.

Quoiqu'elle ne soit pas selon l'ordre
de Melchisedech, vous me dispenserez
de raconter sa généalogie, n'y ayant
rien de si illustre que sa personne : je
dirai seulement en passant, que le duc
de Montbazon avoit promis au père de
cette fille, de lui faire donner sa no-
blesse, mais il mourut avant que M. de
Montbazon eût exécuté sa parole; sa
veuve épousa M. de Saint-Remi. Enfin tout ce qu'on en peut dire, c'est
que la Valière, qui n'étoit pas demoiselle fut bientôt noble comme le roi.

Il faut un peu dire comment étoit faite une personne qui a si fortement pris le cœur d'un roi si fier et si superbe. Elle étoit d'une taille médiocre, fort menue, elle ne marchoit pas de bon air, à cause qu'elle boitoit ; elle étoit blonde et blanche, marquée de petite vérole, les yeux bruns, les regards languissans, et quelquefois aussi pleins de feu, de joie et d'esprit, la bouche grande, assez vermeille, les dents pas belles, point de gorge, les bras plats, qui font assez mal juger du reste de son corps ; son esprit étoit brillant, beaucoup de vivacité et de feu. Elle disoit les choses plaisamment, elle avoit beaucoup de solidité et même du savoir, sachant presque

toutes les histoires du monde, aussi
avoit-elle le temps de les lire; elle
avoit le cœur grand, ferme et généreux, désintéressé et tendre. Elle étoit
sincère et fidelle, éloignée de toute
coquetterie, et plus capable que personne du monde d'un grand engagement; elle aimoit ses amis avec une
ardeur inconcevable.

Il est certain qu'elle aima le roi par
inclination plus d'un an avant qu'il la
connût, et qu'elle disoit souvent à une
amie, qu'elle voudroit qu'il ne fût pas
d'un rang si élevé. Chacun sait que la
plaisanterie que l'on en fit, donna la
curiosité au roi de la connoître; et
comme il est naturel à un cœur généreux d'aimer ceux qui l'aiment, le roi

l'aima dès-lors. Ce n'est pas que sa personne lui plût. Car comme il n'avoit que de la reconnoissance, il dit au comte de Guiche, qu'il la vouloit marier à un marquis qu'il lui nomma, et qui étoit des amis du comte, ce qui lui fit repartir au roi, que son ami aimoit les belles femmes. Eh! bon Dieu, dit le roi, il est vrai qu'elle n'est pas belle, mais je lui ferai assez de bien pour la faire souhaiter.

Trois jours après, le roi fut chez Madame, qui étoit malade, et s'arrêta dans l'antichambre avec la Valière, à laquelle il parla long-temps. Le roi fut si charmé de son esprit, que dès ce moment sa reconnoissance devint amour; il ne fut qu'un moment avec

Madame, il y retourna le jour suivant
et un mois de suite, ce qui fit dire à
tout le monde qu'il étoit amoureux de
Madame, et le fit même croire à cette
princesse. Mais comme le roi cherchoit
l'occasion de découvrir son amour,
parce qu'il en étoit fort pressé, il la
trouva; ce qui lui auroit été bien facile, s'il n'eût considéré que sa qualité
de roi; mais il regardoit bien autre-
ment celle d'amant. En effet il parut
si timide, qu'il toucha plus que jamais
un cœur qu'il avoit déjà assez blessé.

Ce fut à Versailles, dans le parc,
qu'il se plaignit que depuis dix ou
douze jours sa santé n'étoit pas bonne.
Mademoiselle de la Valière en parut
affligée, et le lui témoigna avec beau-

B

coup de tendresse. « Hélas ! que vous
êtes bonne, mademoiselle, lui dit-il,
de vous intéresser à la santé d'un misérable prince qui n'a pas mérité une
seule de vos plaintes, s'il n'étoit autant qu'il est à vous. Oui, mademoiselle, continua-t-il avec un trouble qui
charma la belle, vous êtes maîtresse
absolue de ma vie, de ma mort, et de
mon repos, et vous pouvez tout pour
ma fortune ».

La Valière rougit et fut si interdite,
qu'elle en demeura muette : elle voyoit
un grand roi qu'elle aimoit, à ses genoux, tout passionné ; ne seroit-on pas
embarrassé même à moins ?

« A quoi attribuerai-je ce silence,
» mademoiselle, reprit-il ? Ah ! c' e

» un effet de votre insensibilité et de
» mon malheur, vous n'êtes pas si
» tendre que vous paroissez : et si cela
» est, que je suis à plaindre, vous ado-
» rant au point que je fais !

« Non, sire, répliqua-t-elle ; je ne
» suis point insensible à ce que vous
» sentez pour moi, je vous en tiendrai
» compte dans mon cœur, si c'est vé-
» ritablement que vous m'aimiez : mais
» aussi, comme l'on m'a voulu tour-
» ner en ridicule dans votre cœur, à
» cause de l'estime particulière que
» j'ai eue pour votre personne, comme
» il semble que l'on ne doive regarder
» en un roi que sa couronne, son
» sceptre, et son diadême, et qu'il est
» presque défendu de le louer par sa

» personne, comme enfin, je me suis
» si peu souciée de l'usage, que j'ai
» loué ce qui véritablement est à vous:
» si par cette raison vous croyez qu'il
» sera facile de flatter ma vanité, et
» de m'engager à vous répondre sé-
» rieusement sur ce chapitre : Ah ! sire,
» que votre majesté sache qu'il ne
» vous seroit pas glorieux de faire ce
» personnage, et que votre sincérité
» et votre honneur, sont une des choses
» qui me charment le plus en vous. Je
» prendrois la liberté de vous blâmer
» dans mon cœur, tout comme un
» autre homme, si je n'avois pas dans
» toute la France une personne assez
» à moi pour lui dire en confidence
» que votre personne n'est pas parfaite.

« Que j'estime vos sentimens, ré-
» pliqua le roi, de mépriser les vices
» jusque dans l'ame des monarques;
» mais que j'ai lieu de me plaindre de
» vous, si vous pouvez me soupçon-
» ner du plus honteux de tous les cri-
» mes! Vrai Dieu! quelle gloire y a-
» t-il de passer pour habile fourbe?
» Quand on saura par toute la terre
» que j'ai abusé la fille de France la
» plus charmante, l'on dira aussi
» qu'infailliblement je suis le plus
» grand de tous les trompeurs, est-ce
» là une belle chose pour un roi? Non,
» mademoiselle, croyez que je suis né
» ce que je suis; grace à Dieu, j'ai de
» l'honneur et de la vertu, et puisque
» je vous dis que je vous aime, c'est

» que je le fais véritablement, et je
» continuerai avec une fermeté que
» sans doute vous estimerez. Mais hé-
» las! je parle en homme heureux, et
» peut-être ne le serai-je de ma vie.

« Je ne sais pas, répliqua la Valière ;
» mais je sais bien que si le trouble de
» mon esprit continue, je ne serai
» guères heureuse ».

La pluie qui survint en abondance, interrompit cette conversation, qui avoit déjà duré trois heures; on remarqua beaucoup de tristesse sur le visage de la Valière, et d'inquiétude sur celui du roi, qui la fut revoir le lendemain, et eut avec elle une conversation de même nature, après laquelle il lui envoya une paire de boueles d'oreilles, valant 50,000 écus, et deux jours après un crochet et une montre d'un prix inestimable, avec ce billet.

Voulez-vous ma mort, dites-le moi, sincérement, mademoiselle : il faudra vous satisfaire. Tout le monde cherche avec empressement ce qui peut m'inquiéter ; l'on dit que Madame n'est point cruelle, que la fortune me veut assez de bien ; mais on ne dit pas que je vous aime, et que vous me désespérez. Vous avez une espèce de tendresse qui me fait enrager ; au nom de Dieu, changez votre manière d'agir pour un prince qui se meurt pour vous : ou soyez toute douce, ou soyez toute cruelle.

Le roi, qui est le plus impatient de tous les hommes, lorsqu'il aime, et qui a pour maxime, que plus une femme a d'esprit et de sagesse, et plus elle donne son cœur, et que lorsqu'elle l'a donné, il n'est plus en son pouvoir de refuser rien à son amant, voulut enfin de savoir où il en étoit avec sa maîtresse : il s'étoit mis le plus magnifique qu'il eût jamais fait, et l'alla voir chez Madame, que le comte de Guiche entretenoit; alors les filles qui étoient avec la Valière se retirèrent par respect, si bien qu'il demeura seul avec elle. Il lui dit tout ce qu'un amour tendre et violent peut faire dire à un homme qui a de l'esprit et de la passion; l'assura que sa flamme seroit éternelle, qu'il ne lui demandoit point ses faveurs par un sentiment que les hommes ont d'ordinaire, que ce n'étoit que pour avoir la satisfaction de se dire mille fois le jour, qu'il n'avoit plus lieu de douter que son cœur ne fût absolument à lui : elle de son côté lui fit comprendre que ce n'étoit qu'à la seule tendresse qu'elle accordoit cette grace ; que la grandeur ne l'éblouissoit pas, qu'elle aimoit sa personne et non pas son royaume ; et enfin après avoir dit : Ayez pitié de ma foiblesse, elle lui accorda cette ravissante grace pour laquelle les plus grands hommes de l'Univers font des vœux et des prières. Jamais fille ne chanta si haut les abois d'une virginité mou-

C

rante : elle redoubla son chant plusieurs fois.

Il sentit, après la faveur reçue, de
ces grands redoublemens d'amour : il
lui jura que si elle lui demandoit sa
couronne, il la lui donneroit de bon
cœur ; il la retourna voir le jour suivant ; elle le pria qu'ils cachassent leur
commerce, et lui dit que madame le
croyoit amoureux d'elle. Il lui répondit qu'il ne pouvoit avoir le cœur assez
perfide pour aider à la tromper. Mais
si je vous en priois, dit la Valière. Ah !
que vous m'embarrasseriez, repartit le
roi ; mais enfin je vous l'ai dit, je suis
tout à vous.

Ils continuèrent encore quinze jours
ce commerce secret ; mais le hasard le

fit découvrir; ce qui obligea le roi et mademoiselle de la Valière de ne plus rien dissimuler. On ne peut exprimer les dépits, les emportemens de Madame, et combien elle se croyoit indignement traitée; elle est belle, elle est glorieuse, et la plus fière de la cour. » Quoi! disoit-elle, préférer une petite » bourgeoise de Tours, laide et boi- » teuse, à une fille de roi, faite comme » je suis? » Elle en parla à Versailles aux deux reines, mais en femme vertueuse, qui ne vouloit pas servir de commode aux amours. Elle en causa d'une manière toute particulière avec madame de Chevreuse, son intime: et nous allons rapporter ici tout au long sa conversation, puisque c'est

C 2

l'histoire même de l'origine des amours de la Valière.

Vous m'avouerez, ma chère, lui dit-elle, qu'il est plaisant qu'une princesse de mon rang ait été le jouet d'une petite fille comme la Valière : cependant c'est ce qui m'est arrivé, et que je vais vous apprendre, puisque vous n'étiez point à Paris dans ce temps-là. Vous saurez que peu de temps après que je fus mariée à Monsieur, lequel je ne pus jamais bien aimer, le roi, qui, je pense, étoit de même pour la reine, me venoit voir assez souvent, et se plaignoit peu galamment du vide de son cœur, et que depuis le départ de madame de Colonne, il étoit bien des momens dans la vie qui sembloient longs. Il nous disoit souvent cela en la présence de

tout-à-fait belles femmes; et quoique
nous ne le trouvassions pas obligeant,
c'étoit à qui le divertiroit le mieux.

Un jour qu'il étoit bien plus ennuyé
qu'à l'ordinaire, monsieur de Roquelaure, pour le tirer de sa rêverie, s'a-
visa malheureusement de lui faire une
plaisanterie de ce qu'une de mes filles
étoit charmée de lui, en la contrefai-
sant, et disant qu'elle ne vouloit plus
voir le roi pour le repos de son cœur,
et mille choses de cette nature, qu'effectivement la Valière disoit. Comme
vous savez qu'il donne l'air goguenard
à tout ce qu'il dit, il réussit fort à divertir le roi et toute la compagnie. Il demanda qui elle étoit; mais comme il
ne l'avoit pas remarquée, il ne s'en

informa pas davantage ; seulement il prit grand plaisir aux bouffonneries du sieur Roquelaure.

Trois jours après le roi sortant de ma chambre, vit passer mademoiselle de Tonnecharante, il dit à Roquelaure : Je voudrois bien que ce fût celle-là qui m'aimât. Non, sire, lui dit-il; mais la voilà, en lui montrant la Valière, à laquelle il dit en notre présence à tous, d'un ton fort plaisant : « Venez, mon » illustre aux yeux mourans, qui ne » savez aimer à moins qu'un mo- » narque. »

Cette raillerie la déconcerta; elle ne revint pas de cet embarras, quoique le roi lui fît un grand salut, et lui parlât le plus civilement du monde. Il est

certain qu'elle ne plut point ce jour-là
au roi; mais il ne voulut pourtant point
qu'on en raillât.

Six jours après il advint mieux pour
elle : car elle l'entretint fort spirituel-
lement deux heures durant, et ce fut
cette conversation fatale qui l'engagea.
Comme il eut eu honte de venir voir
cette fille chez moi sans me voir, que
fit-il ? Il trouva moyen de faire dire à
toute sa cour qu'il étoit amoureux de
moi ; il en parloit incessamment ; il
louoit mon air et ma beauté ; et enfin
je fus saluée de toutes mes amies de
cette nouvelle. Cependant il ne m'en
donnoit point d'autres preuves que
d'être continuellement chez moi ; et,
dès qu'il voyoit quelqu'un , d'être at-

taché à mon oreille, à me dire des bagatelles, et après cela il retomboit dans des chagrins épouvantables. Il me mettoit souvent sur le chapitre de la belle, en m'obligeant de lui dire jusqu'aux moindres choses; et comme je croyois que ce n'étoit que par ce que l'on lui en avoit dit, et que d'ailleurs j'étois bien aise de le divertir, je l'en entretenois autant qu'il vouloit.

Il la voyoit souvent en particulier, et prenoit quelquefois un ton de raillerie pour autoriser ses conversations; mais pour peu que je continuasse, je voyois bien, par la mine qu'il faisoit, que quand quelqu'un la choquoit, qu'il n'étoit pas content. Il la faisoit venir souvent, et effectivement il étoit bien

plus agréable , et fournissoit bien
plus à la conversation que lorsqu'elle
n'y étoit pas. Cependant, concevez que
j'en étois la malheureuse, ne voyant
presque plus personne, par la peur
qu'on avoit de lui déplaire. Il n'y avoit
que le pauvre comte de Guiche qui
venoit toujours hardiment me voir.

Bon Dieu, que j'étois aveuglée ! Il
me souvient qu'un jour que mademoiselle de Tonnecharante avoit la fièvre,
et que la Valière étoit auprès d'elle,
d'abord que le roi le sut, il en fut tout
ému, et se leva pour l'aller quérir. Le
comte me dit : Ah! que le roi, madame,
est honnête homme, s'il n'a point d'a-
mour ! Je vous avoue que je ne le
croyois pas, quoique chacun le crut
certain. La jeune reine même me le

persuadoit bien mieux que les autres
par sa froideur pour moi, qu'elle prétendoit venir de ce que j'avois ri un
soir qu'elle pensa tomber ici en dansant. Monsieur m'en donna aussi des
attaques à la chasse. En vérité, quand
j'y pense, nos deux illustres se diver-
tissoient bien de ma simplicité. Mais
achevons.

Un jour que la comtesse de Maure
me vint voir, la Valière lui demanda
si elle n'avoit point vu la Tonnecharante, qui étoit sortie pour l'aller voir.
Vous connoissez bien l'esprit de la
comtesse, qui étoit sa particulière
amie : elle trouva que la Valière ne
parloit pas comme elle devoit de sa
parente et de son amie, elle s'en plai-

gnit à moi. Je vous avoue que dans
mon ame je trouvai le caprice de cette
dame plaisant, de trouver à redire
qu'on n'avoit point dit *mademoiselle*
de Tonnecharante; mais comme j'avois
gardé un dépit secret contre la Valière,
de ce que le soir précédent le roi l'a-
voit presque toujours entretenue, je
lui en fis un grand reproche, en la re-
prenant aigrement devant madame de
Maure, et lui disant que je faisois
grande différence d'elle avec toutes
mes filles, et que je la trouvois fort
entendue depuis quelque temps; si
bien qu'elle en pleura de rage et de
chagrin. Ce qui l'outragea plus sensiblement, c'est qu'elle nous avoit entendu la railler avec mépris de sa pré-

tendue passion pour le roi; et comme
vous savez que madame de Maure dé-
cidoit souverainement de tout, elle la
traita de fille, qui, à la fin, aimeroit
les héros de romans.

Nous n'avions pas encore décidé ce
chapitre, que le roi entra dans ma
chambre; je vous avoue que dans ce
moment il me parut plus aimable que
tout ce que j'aie jamais vu : mais Dieu!
que cette aimable joie se dissipa bientôt, lorsqu'il apperçut la Valière entrer par une autre porte, les yeux gros
et rouges à force de pleurer. Non, je
n'entreprendrai point de vous dire quel
fut ce changement, qu'il tâcha de cacher pour lui dire en riant, qu'il l'aimoit assez pour vouloir savoir ses cha-

grins. Je pense qu'elle lui fit bien ma
cour; il sortit un moment après, disant
qu'il m'avoit vue, et que c'étoit assez.

Il revint cependant le soir avec la
reine mère, qui étoit suivie de plusieurs de nos dames : elle nous montra
un brasselet de diamans d'une beauté
admirable, au milieu duquel étoit
un petit chef-d'œuvre. C'étoit une
miniature, qui représentoit Lucrèce :
le visage en étoit de cette belle Italienne
qui a fait tant de bruit dans l'univers;
la bordure en étoit magnifique; et enfin
tous, tant que nous étions de dames,
eussions tout donné pour avoir ce
bijou.

A quoi bon dissimuler ? Je vous
avoue que je le crus à moi, et que je

n'avois qu'à faire connoître au roi que j'en avois envie, pour qu'il le demandât à la reine; car tout autre que lui ne l'auroit jamais pu obtenir d'elle. En effet, je n'omis rien pour lui persuader qu'il me feroit un présent fort agréable s'il me le donnoit; il étoit si triste, qu'il ne me répondit rien; cependant il le prit des mains de madame de Soissons, qui le tenoit, et l'alla montrer à toutes nos filles; il s'adressa à la Valière pour lui dire que nous en mourions toutes d'envie, et ce qu'elle en trouvoit; elle lui répondit d'un ton languissant: « Précieux et admirable. »

Le roi n'eut pas la patience ni la prudence d'attendre à le demander, qu'il fût hors de chez moi; car, avec

un grand sérieux, il vint prier la reine
de lui troquer; elle le lui donna avec
bien de la joie. Dieu sait quelle fut la
mienne, lorsque je le lui vis entre les
mains.

Après que tout le monde fut parti,
je ne pus m'empêcher de dire à toutes
mes filles que je serois bien attrapée,
si je n'avois pas le lendemain ce bijou
à mon lever. La Valière rougit, et ne
répondit rien : un moment après elle
partit, et la Tonnecharante la suivit
doucement.

Bientôt elle vit la Valière, comme
je vous vois, regarder ce brasselet, le
baiser, puis le remettre dans sa poche;
alors elle l'arrêta par un cri qu'elle fit
à dessein de lui faire peur; et je pense

qu'elle y réussit. Mais après s'être re-
mise, la Valière ne chercha point de
finesse, et lui dit : Eh bien ! mademoiselle , vous voyez que vous avez le
secret du roi entre vos mains ; c'est une
chose délicate , pensez - y plus d'une
fois. Voilà la Tonnecharante aux prières
de lui dire la vérité de toute cette in-
trigue. La Valière lui raconta sans façon les choses au point où elles en
étoient, après quoi elle écrivit toute
cette aventure au roi. Le lendemain
il vint chez moi dès les deux heures,
et parla près d'une heure avec elle. Il
desiroit dès ce jour-là la tirer de chez
moi : elle ne voulut pas ; il souhaita
qu'elle se parât du brasselet, et qu'elle
entrât dans ma chambre avec tous ses
atours ; ce qu'elle fit.

Je lui demandai devant le roi, qui lui pouvoit avoir donné cela : moi, reprit le roi peu civilement. Je demeurai muette : mais comme le roi souhaita que j'allasse à Versailles, et que j'y menasse cette créature, j'attendis à la chapitrer devant les reines. Assurément que le roi s'en douta, et ce fut ce même jour qu'il nous fit cette incivilité à toutes, de nous laisser à la pluie qui survint dans ce temps-là, pour donner la main à la Valière, à laquelle il couvrit la tête de son chapeau; ainsi il se moqua de nos desseins, et ne fit plus de secret d'une chose dont nous prétendions faire bien du mystère. Jugez après cela, ma chère, de l'obligation que je dois avoir au roi.

Ici finit le récit de Madame.]

Cependant les deux reines et cette princesse se réunirent pour faire des reproches à la Valière; mais elles le firent avec tant d'aigreur, que la pauvre fille, poussée à bout par les choses outrageantes qu'on lui dit, prit la résolution désespérée de s'aller enfermer dans un couvent pour le reste de ses jours, et de mortifier son corps pour les plaisirs qu'elle avoit pris.

Soit que son désespoir l'empêchât de raisonner, soit qu'elle craignit que le roi ne consentit pas à sa retraite, elle partit pour le couvent de Chaillot sans le lui faire savoir; et, d'abord qu'elle y fut entrée, elle demanda une chambre, et s'y renferma pour pleurer.

En ce temps-là il y avoit des am-

bassadeurs pour le roi d'Espagne, à
Paris, dans la salle où on les reçoit
d'ordinaire : plusieurs personnes de
qualité y étoient, entre lesquelles se
trouva le duc de Saint-Agnan, qui,
après s'être entretenu avec le marquis
de Sourdis, qui parloit bas, reprit assez
haut d'un ton étonné : Quoi ! la Valière
en religion. Le roi, qui n'avoit entendu
que ce nom, tourna la tête tout ému,
et demanda : Qu'est-ce ! dites-moi ?
Le duc lui repartit que la Valière étoit
en religion à Chaillot.

Par bonheur les ambassadeurs
étoient expédiés ; car dans le transport
où cette nouvelle mit le roi, il n'eut
aucune considération : il commanda
qu'on lui apprêtât un carrosse ; et,

sans l'attendre, il monta aussitôt à
cheval. La reine, qui le vit partir, lui
dit qu'il n'étoit guère maître de lui.
« Ah ! reprit-il, furieux comme un
» jeune lion, si je ne le suis de moi,
» madame, je le serai de ceux qui m'ou-
» tragent ». En disant cela il partit, et
courut à toute bride à Chaillot, où il
la demanda; elle vint à la grille. Du
plus loin qu'il la vit : « Cruelle, s'écria-
» t-il, que vous avez peu de soin de
» la vie de ceux qui vous aiment ».
Mais bientôt le changement qu'il remarqua sur son visage le toucha tellement, qu'il ne put retenir ses larmes :
il lui fit de tendres reproches de la
manière dont elle étoit partie; mais la
belle, suffoquée par sa douleur, ne

répondit qu'en pleurant. Ce langage
muet ayant duré quelque temps, fit
enfin place à des discours plus pas-
sionnés. Le roi essuya ses pleurs et
celles de sa maîtresse, et la pria de
sortir promptement. Elle s'en défendit
long - temps, alléguant les mauvais
traitemens qu'elle avoit essuyés; mais
enfin cédant aux pressantes sollicitations de son amant, elle lève les yeux
aux ciel, et s'écrie : « Qu'on est foible
» quand on aime : je ne me sens plus
» laforce de résister ».

On finit toujours par se rendre aux
sollicitations d'un amant, et d'un amant
absolu. Le roi la fit monter dans un
carosse avec lui. Voilà, dit-elle en y
montant, pour tout achever. Non,

reprit son amant couronné, je suis roi, dieu merci, et je le ferai connoître à ceux qui auront l'insolence de vous déplaire. Il lui proposa sur le chemin de lui donner un hôtel et un train ; mais cela lui sembla trop éclatant : elle l'en remercia fort civilement.

Enfin le roi, en arrivant, dit à madame qu'il la prioit de considérer mademoiselle de la Valière comme une fille qu'il lui recommandoit plus que sa vie. Oui, reprit madame, en souriant, *je ne la regarderai plus que comme une fille à vous.* Le roi parut mépriser cette sotte pointe, et continua ses visites avec plus d'attachement qu'auparavant ; il lui envoyoit continuellement, à la vue de madame, des présens très-magnifiques.

Cependant le roi la pressoit incessamment de vouloir prendre une maison à elle ; et enfin elle y consentit, afin de le voir, disoit-elle, plus commodément. Il lui donna le palais Biron, qu'il alla lui-même voir meubler des plus riches meubles qui soient en France ; elle en changoit quatre fois l'année. Il honora son frère, qui n'étoit pas honnête homme, d'une belle charge, lui fit épouser une héritière qui étoit assez considérable pour un prince. La reine en pensa mourir de jalousie : car elle aimoit le roi, et le roi aimoit la Valière.

Sur ces entrefaites il tomba malade à Versailles : pendant sa maladie il rêva continuellement à sa maîtresse, qui ne vouloit pas le voir, de peur de le mettre en péril. Après qu'il n'y eut plus rien à craindre, monsieur de Saint-Agnan, par l'ordre du roi, l'alla quérir: mais comme ils arrivèrent, la chambre étoit toute pleine de monde, de sorte qu'il fallut qu'elle restât dans la prochaine. Mais d'abord que le duc parut dans celle du roi, à qui cela fit connoître que la Valière étoit proche, le monarque se voulant défaire de la compagnie, fit civilité à monsieur le prince, en lui disant qu'il étoit nécessaire qu'il vît un paquet qu'on venoit de lui apporter, et qu'il y fit réponse;

et, par ce moyen, ne différa pas un moment la vue de la Valière. « Hélas! » lui dit-elle en entrant, d'un ton le » plus tendre du monde, la fortune » me redonne mon cher prince. Oui, » mon bel enfant, pour vous aimer » avec plus d'ardeur que jamais ». Il lui montra un billet qu'il avoit reçu d'elle et qu'il portoit sur son cœur; il étoit conçu en ces termes :

Tout le monde dit que vous êtes fort mal : peut-être n'est-ce que pour m'affliger; l'on dit aussi que vous êtes inquiet de ce dernier bruit : dans ces troubles, je vous demande la vie de mon amant, et j'abandonne l'état et tout le monde même. Pourquoi, si vous m'aimez comme l'on dit, ne me

E

vouloir point voir? Adieu, envoyez-
moi quérir demain, c'est-à-dire si
mon inquiétude me permet de vivre
jusqu'à ce jour-là.

Le roi baisa cette lettre devant elle
mille et mille fois, lui dit qu'il lui devoit la vie et sa joie; mais quelques
excès que son amante lui fit faire, le
firent tomber malade presque comme
devant. Cependant ils ne furent pas
sans effet, puisqu'au bout de neuf mois
mademoiselle de la Valière paya ses
plaisirs par des douleurs, en mettant
au monde une petite fille faite comme
le père.

Mais pour en revenir à la maladie
du roi, qui fut plus violente que longue, il faut savoir qu'au retour de sa

santé, il n'y eut pas de femme à la cour
qui ne travaillât à lui donner de l'amour.
Madame de Chevreuse, dont la personne est le tombeau des plaisirs, après
en avoir été le temple, ne pouvant plus
rien pour elle, produisit madame de
Luynes, qui est une des plus belles
femmes de France, mais peu ou point
d'esprit. Madame la duchesse de Soubise, dont les yeux vont tous les jours
à la petite guerre, n'y réussit pas mieux
que la princesse Palatine et madame
de Soissons; mais en vérité le roi en
fit confidence à la Valière, et s'en di-
vertit avec elle; aussi alla-t-elle voir
sans façon la princesse Palatine, et lui
fit beaucoup de civilité et d'amitié. Le
roi le sut et en eut du chagrin. « Quoi!

» lui dit-il, si peu de jalousie ? Ah !

» mademoiselle, il y a peu d'amour...

» Excusez-moi, lui répondit-elle,

» j'ai le cœur plus jaloux en amitié

» que qui que ce puisse être : mais j'ai

» trop bonne opinion de votre esprit,

» pour croire que vous aimassiez une

» grande statue et une grande masse

» de neige. »

Cela ne satisfit pas le roi, qui est le
plus incommode de tous les hommes
sur ce chapitre ; de manière que sans
avoir nulle bonne raison, il bouda
cette fille un mois durant; elle en souffrit quelque temps avec une patience
extrême : mais enfin elle le traita mal
à Vincennes; il le souffrit assez pa-
tiemment, quoiqu'il lui parût un dé-

sespoir dans les yeux. Il vit Belfonds,
à qui il dit qu'il étoit le plus heureux
de tous les hommes de n'aimer que la
gloire. « Ah ! sire, répondit spirituel-
» lement Belfonds, la gloire est une
» maîtresse bien plus difficile à servir
» qu'une femme, et plût au ciel m'a-
» voir donné un cœur aussi sensible à
» l'amour comme il est à cette autre
» passion, je serois bien plus heureux ! »

Le roi soupira et ne lui répondit
rien ; mais le jour suivant il vit mademoiselle de la Motte, qui est une beauté
enjouée, fort agréable, et qui a beaucoup d'esprit ; il lui dit beaucoup de
choses obligeantes ; il fut toujours auprès d'elle, soupira souvent, et en fit
assez pour faire dire dans le monde

qu'il en étoit amoureux , et pour le persuader à la mère , qui grondoit sa fille de ne pas répondre à la passion d'un si grand monarque.

Toutes les amies de la Maréchale s'assemblèrent pour en conférer , et convenoient que nous n'étions plus dans la sotte simplicité de nos pères, où une simple galanterie passoit pour une injure, et où une fille n'entendoit parler d'amour, disoient-elles, que le jour de ses noces : aujourd'hui le monde est plus fin , et plus raisonnable ; et par une heureuse vicissitude , l'amour et la galanterie se sont introduits par-tout ; enfin elles querellèrent à outrance cette aimable fille, qui, dans son cœur, avoit une secrète at-

tache pour M. de Richelieu, ce qui
faisoit qu'elle voyoit sans joie la passion du roi, et reçut mal les avis de
ses parens.

Cependant le roi continuoit d'aller
tous les jours chez la Valière, mais il
y rêvoit et lisoit, ou sortoit sans lui
avoir presque parlé. Il n'y eut que
M. de Vardes et de Bussi, qui ne s'y
trompèrent point, et qui dirent toujours que ce n'étoit qu'un dépit amoureux. En effet, le roi devint jaune,
n'alla plus à la chasse, rioit par force,
et se donnoit mille maux à plaisir.

Il s'en ouvrit au duc de Saint-
Agnan, en des termes qui faisoient
bien connoître qu'il étoit épris pour la
vie. « Oui, disoit-il au duc, si jamais

» homme fut à plaindre, c'est moi : je
» ne fais rien qui ne me coûte et qui
» ne me gêne, et la couronne en de
» certains momens m'incommode ;
» j'aime, Saint-Agnan, autant qu'on
» peut aimer, et ne connois que trop
» que l'on ne m'aime point, ou que
» l'on m'aime si foiblement, que je ne
» serai jamais content ; cependant que
» n'ai-je point fait pour me bien faire
» aimer ? Parle, Saint-Agnan, mais
» parle sincèrement ; suis-je indigne
» d'être aimé ? Ne vois-tu pas que tous
» ceux qui ont aimé de cette cour, sont
» incomparablement plus aimés que
» je ne le suis. »

Le duc, qui avoit de l'esprit, connut
bien que le roi n'étoit en cet état que

par son extrême passion, et parla si obligeamment pour la Valière, que ce monarque l'en aima encore mieux, et lui dit qu'il prétendoit avoir, pour sa maîtresse, une foi inviolable, mais qu'il vouloit en être aimé.

C'étoit sur les deux heures que le roi disoit tout ceci au duc; sur les sept heures, il fut pris d'étranges maux de tête et de vomissemens furieux. Le duc alla trouver la Valière, et lui raconta mot pour mot tout ce que le roi lui avoit dit. La Valière lui répondit, que le caprice du roi l'avoit affligée, mais qu'après tout, elle n'étoit pas d'humeur à lui demander pardon pour un mal qu'elle n'avoit pas fait; qu'elle avoit lieu de se plaindre de lui, et qu'il

n'en avoit point de se plaindre d'elle,
et que ce n'étoit point parce qu'il étoit
son roi qu'elle avoit pris soin de lui
plaire, qu'elle en auroit usé tout de
même pour un autre qu'elle auroit
aimé.

Cependant le roi passa une fort
mauvaise nuit, et toute la cour le fut
voir le lendemain ; de Vardes lui dit
mille équivoques sur son mal, fort spi-
rituellement ; enfin ce malade amoureux pria son confident d'aller trouver
de sa part sa maîtresse, et de lui apprendre la cause de son mal. Elle le
reçut avec une mélancolie extrême, et
lui avoua qu'elle souffroit des maux
inconcevables, et qu'il lui feroit plaisir de porter ce billet au roi, dont
voici les paroles.

Si l'on savoit la cause de vos maux, l'on y apporteroit du remède quand il en devroit coûter la vie : mais, mon Dieu ! qu'il est inutile de vous dire ce que je vous dis, ce n'est pas moi qui donne à votre majesté ses bons ni ses mauvais jours.

Le duc fut promptement porter ce billet au roi, la jeune reine étoit pour lors sur son lit, et d'abord qu'il le vit, il s'écria : « Saint-Agnan, je suis bien » foible, je le suis plus que vous ne » pouvez penser. »

La reine se retira, et le roi relut vingt fois ce billet : il fit admirer au duc cette manière d'écrire ; mais il ne pouvoit souffrir ce cruel terme de *votre majesté.*

Il en parloit encore quand mademoiselle de la Valière entra dans la
chambre avec madame de Montausier,
à laquelle cette visite aux flambeaux
a servi de toute sa faveur; elle se retira par commodité et par respect au
bout de la chambre avec le duc. Mademoiselle de la Valière se mit sur le
lit du roi, elle étoit en habillement
négligé, et le roi, qui prend garde à
tout, lui en sut bon gré. Elle le regarda
avec une langueur passionnée propre à
lui faire entendre que son cœur seroit
éternellement à lui. Le roi fut si trans-
porté, qu'après lui avoir demandé
mille pardons, il baisa un quart-
d'heure ses mains sans lui rien dire que
ces trois paroles: Ah! que je serois mi-

sérable, mademoiselle, si vous n'aviez
pitié de moi !

Enfin ils se parlèrent, se contèrent
leurs raisons, et furent cinq heures à
dire : *Que je vous aime ! que vous
aviez de tort ! votre cœur est hors de
prix ! que nous avons lieu d'être con-
tens ! aimons-nous toujours.* Ils s'en
tinrent aux paroles tendres, ou du-
moins je le crois ; mais je ne sais pas
si le roi, qui le lendemain se leva pour
passer tout le jour avec la Valière,
la passa aussi sagement.

Après ce raccommodement, il n'y
eut jamais de vie plus heureuse que
la leur ; ils prirent tant de peine à se
persuader de la fidélité et de la tendresse l'un de l'autre, qu'ils n'eurent

plus lieu d'en douter. La Valière prit
avec elle mademoiselle d'Attiny, fille
de haute qualité, belle comme un
ange, qu'elle a toujours fort aimée,
c'étoit sa chère confidente; ils ne faisoient point de façon devant elle, Dieu
l'ayant douée d'un esprit fort commode.

Madame de Soissons, qui avant s'é-
toit crue fort aimée, supportoit avec
une étrange impatience la faveur de
la Valière, de sorte que la voyant un
jour passer devant la fille d'un avocat
au parlement, duquel madame de
Soissons faisoit ses délices, elle dit
assez haut à madame de Ventadour:
« J'avois toujours bien cru que la Va-
» lière étoit boiteuse, mais je ne savois
» pas qu'elle fût aveugle ».

La Valière, qui entendit cela, le sentit sensiblement, et ne put s'empêcher d'en faire ses plaintes au roi, avec les paroles du monde les plus piquantes pour madame de Soissons. Le roi en parut si épouvantablement irrité, qu'il lui dit en partant de chez elle, parlez librement, mademoiselle, que voulez-vous que je fasse contre ceux qui vous outragent? et pensez fortement qu'il ne me sera jamais impossible de vous satisfaire. En sortant de chez elle il rencontra le duc de Saint-Agnan, qu'il fit monter dans son carosse : mais il ne lui parloit point : ils étoient sur le point de descendre de voiture, lorsqu'enfin il lui dit : « Eh bien ! parce que j'aime une

» fille, il faut que toute la France la

» haïsse; mais ce n'est pas aux plaintes

» que je m'en veux tenir, je veux que

» vous alliez tout présentement dire à

» madame de Soissons que je lui dé-

» fends l'entrée du Louvre.

Le duc lui demanda s'il avoit bien

songé à cet ordre : « Oui, reprit le roi,

» si bien que je veux que vous l'exé-

» cutiez tout-à-l'heure. Mais, si j'osois,

» répliqua le duc, vous faire ressouve-

» nir que vous avez eu autrefois quel-

» que considération pour madame de

» Soissons!.. Je vous entends, répliqua

» le roi, c'est que vous voulez dire que

» je l'ai aimée. Non, croyez que je ne

» l'ai jamais fait, elle n'a pas assez

» d'esprit pour m'avoir jamais rien ins-

» piré, sinon à l'âge de quinze ans, où
» elle m'entretenoit des couleurs qui
» me plaisoient le plus; aussi je ne me
» priverai de rien qui puisse être un
» obstacle à la vengeance que je dois
» à mademoiselle de la Valière. Je le
» veux croire, répondit le duc; mais,
» sire, n'avez-vous point égard à toute
» une grande famille et à la mémoire
» de son oncle! Que vous me connois-
» sez peu, Saint-Agnan, lui dit-il, si
» vous croyez que la considération de
» ce que l'on aime puisse le céder à
» celle d'une famille! Quoi! il sera
» permis à monsieur celui-ci, à ma-
» dame celle-là, d'insulter une per-
» sonne que j'honore? Est-ce avoir du
» respect que d'en manquer pour ce

F

» que j'aime ? Peut-on pousser une in-
» solence plus loin que de mépriser ce
» que son roi estime? Après tout, une
» Valière ne vaut-elle pas bien une
» Mancini? Je m'étonne que de Vardes,
» qui sait si bien aimer, n'ait pas appris
» à madame de Soissons, que l'on sent
» incomparablement ce mieux qui s'a-
» dresse à ce qu'on aime, que ce qui
» touche soi-même. Ma foi, ces petites
» gens ici régleront bientôt ce que je
» dois aimer. Parbleu, c'est être bien
» misérable; il n'y a pas un petit gen-
» tilhomme qui ne fasse respecter sa
» maîtresse par ses amis et ses vassaux,
» et un roi n'en peut venir à bout? Je
» proteste pourtant qu'en quelque ma-
» nière que ce soit, j'y réussirai, et je

» commencerai par madame de Sois-
» sons.

» Mais, lui dit le duc, votre majesté
» a-t-elle bien pensé aux intérêts de
» mademoiselle de la Valière ? Ne
» croyez-vous point que les reines
» vont être ravies d'avoir prétexte de
» crier contre elle, et de pouvoir dire
» qu'elle ne cause que des désordres?
» Ah! reprit le roi, le plus affligé du
» monde, c'est assez, je n'ai plus rien
» à dire, sinon que je suis le plus mal-
» heureux de tous les hommes : en ef-
» fet, y a-t-il quelqu'un, tout chétif
» qu'il soit, qui ne venge ce qu'il aime?
» et moi je ne puis. Vous avez raison,
» les reines feroient rage contre cette
» pauvre fille : et l'on n'a désormais

» qu'à l'insulter, qu'à la piller, et qu'à
» la maltraiter : mesdames le trouve-
» ront bon, tant elles ont d'amitié pour
» moi. » En disant cela, les larmes lui
tombèrent des yeux de chagrin et de
rage. Le duc alla faire un fidèle récit
de tout ceci à la Valière, qui écrivit
par lui ce billet.

*Que je vous aime, et que vous mé-
riez de l'être! mon cher; mais il me
fâche de troubler vos plaisirs par mes
malheurs. Pourquoi appeler malheur
ce qui ne l'est point! Non, je me re-
prends ; tant que mon cher prince
m'aimera, je n'en aurai jamais; rien
ne me peut affliger que sa perte.
Voilà mes sentimens, conformez-y
les vôtres, et nous mettons au-dessus*

de ceux qui ne sauroient nuire.
Adieu, mon illustre amant, venez ce
soir plutôt qu'à l'ordinaire.

Le roi n'eut pas plutôt reçu ce billet, qu'il partit, et l'on ne sait s'ils se dirent et se firent des amitiés. Cependant le roi vit madame de Soissons dans les jardins de Saint-Cloud, et lui fit mille incivilités. Quinze jours après, le roi, qui avoit passé depuis midi jusqu'à quatre heures après minuit avec la Valière, vint se coucher; il trouva la jeune reine en simple juppe auprès du feu avec madame de Chevreuse. Comme le roi se sentoit encore mécontent contre elle pour la Valière, il lui demanda avec un froid horrible, pourquoi elle n'étoit pas couchée : « Je

» vous attendois, lui dit-elle triste-
» ment. Vous avez la mine, lui répon-
» dit le roi, de m'attendre bien sou-
» vent. Je le sais bien, lui répondit-elle;
» car vous ne vous plaisez guère avec
» moi, et vous vous plaisez bien davan-
» tage avec mes ennemis. » Le roi la
regarda avec une fierté qui approchoit
bien du mépris, et lui dit d'un ton mo-
queur : « Hélas! madame, qui vous en
» a tant appris? Et en la quittant, cou-
» chez-vous, madame, avec vos pe-
» tites raisons ».

La reine fut si vivement touchée,
qu'elle alla se jeter aux pieds du roi
qui se promenoit dans sa chambre.
« Eh bien! madame, que voulez-vous
» dire, lui dit-il? Je veux dire, répon-

» dit la reine, que je vous aimerai
» toujours, quoi que vous me fassiez.
» Et moi, lui dit le roi, j'en userai si
» bien que vous n'y aurez aucune
» peine; mais si vous voulez m'obli-
» ger, vous n'écouterez plus madame
» de Soissons, ni madame de Navaille.»
(car celle-ci avoit aussi causé de la
Valière), et comme elle continua, et
que la Valière n'avoit jamais eu d'inclination pour elle, avant même qu'elle
fût en crédit, le roi se défit d'elle et de
son mari.

Deux mois après, le roi se mit en
tête que la Valière fût reçue des reines, et souhaita qu'elles la vissent de
bon œil : pour cet effet, il en parla à
madame de Montausier, qui alla par

ordre du roi, dès ce moment à la chambre de la jeune reine. Madame, lui dit-elle, c'est un roi qui veut que je m'acquitte d'une commission que je doute qui vous soit agréable, il n'a pas été en mon pouvoir de m'en dispenser. C'est, madame, qu'il souhaite que votre majesté reçoive mademoiselle de la Valière, qui veut vous rendre ses respects. « Je l'en quitte, » répliqua la reine, il n'est pas besoin. » Si j'osois, ajouta madame de Montausier, dire à votre majesté que » cette complaisance que vous aurez » pour le roi le touchera sans doute, » et qu'au contraire votre refus l'ai- » grira; enfin, madame, si le roi aime » cette fille, votre froideur pour elle

» ne le guérira pas; ainsi votre majesté
» feroit quelque chose de plus heu-
» reux pour elle, si elle vouloit sur-
» monter cette petite répugnance qui
» s'oppose aux volontés du roi, et si
» elle vouloit suivre l'exemple de tant
» d'illustres femmes, qui en ont digne-
» ment usé avec ce que leurs maris
» aimoient. Mais, madame, interrom-
» pit la reine, le moyen de voir cette
» fille? j'aime le roi, et le roi n'aime
» qu'elle ».

Le roi, qui étoit aux écoutes, entra
brusquement : sa vue surprit si fort la
reine qu'elle en rougit et saigna du
nez, de manière qu'elle se servit de
ce prétexte pour sortir. Trois jours
après elle accoucha d'une petite mo-

G

resse, dont elle pensa mourir : toute la cour fut en prières; la reine mère fondoit en larmes auprès de son lit, le roi lui-même, en pleura. Il pleuroit facilement; mais après tous, ses larmes étoient une preuve de son extrême sensibilité. On s'en apperçut, et une dame qui remarqua qu'il étoit fâché qu'on les vit, lui dit tout haut de ne point cacher le seul remède qui peut guérir la reine.

Mais il ne discontinua point de voir la Valière en secret et de lui donner mille et mille marques de son amour.

Cependant la jeune reine le pria, en présence de sa mère et de son confesseur, de vouloir marier la Valière. Le roi, qui ne sauroit être fourbe, ne put se résoudre à le leur promettre, et ne leur fit que dire tout interdit, que si elle le vouloit, il ne s'y opposeroit pas, et qu'ils pouvoient lui chercher parti. Ils pensèrent à M. de Vardes, comme l'homme de la cour le plus propre à se faire bien aimer ; mais de Vardes étoit amoureux à mourir de madame de Soissons ; ainsi, quand on lui en parla, il se mit à rire, disant qu'on se moquoit, qu'il n'étoit pas propre au mariage.

Madame, qui savoit la passion de Vardes pour madame de Soissons, alla voir la comtesse, comme la plaignant si son amant consentoit à ce mariage ; et lui offrit ses services en cette occasion, promettant de le faire détourner par le comte de Guiche,

intime ami du marquis. Voilà donc
nos deux admirables qui lient une
grande amitié, et s'ouvrent leurs cœurs
de leurs amours. Le lendemain, de
Vardes vint voir la comtesse, et lui fit
valoir son refus pour la Valière avec
un milion; car, lui dit-il, ce n'est point
par délicatesse, je me moque de son
commerce avec le roi; feu le comte
de Moret, mon père, qui étoit un des
plus honnêtes hommes de France,
épousa bien une des maîtresse de
Henri IV, de laquelle je suis sorti;
jugez si j'en ferois de la difficulté;
d'ailleurs ne l'aimant point, le roi me
feroit un extrême plaisir de la divertir. Mais, madame, reprit-il, avec un
air charmant et passionné, ce sont vos

yeux qui m'en empêchent, qui ne vou-
droient plus me regarder avec douceur, ou pour mieux dire, c'est la
possession de votre illustre cœur, de
laquelle je me rendrois indigne si je
pouvois consentir à vous déplaire :
ainsi je vous jure par vous-même, qui
êtes une chose sacrée pour moi, que
jamais je ne penserai à aucun engagement, quelqu'avantageux qu'il puisse
être.

La comtesse, charmée de voir des
sentimens si tendres et si honnêtes à
son amant, ne savoit que lui dire pour
lui exprimer sa joie. Madame survint
sur le point de leur extase, accompa-
gnée du comte de Guiche, auquel ils
ne firent mystère de rien. Et voilà l'é-

tablissement d'une agréable société,
chacun se promettant de se servir uti-
lement. Cependant nos deux couples
d'amans résolurent de faire rompre un
commerce plus honnête et plus spiri-
tuel que le leur.

Quand la jeune reine vint en France,
elle ne savoit pas un mot de français,
elle n'en avoit pas encore beaucoup
appris depuis qu'elle y étoit arrivée,
tellement que quand on lui vouloit
dire quelque chose, il falloit toujours
le recommencer trois ou quatre fois
avant qu'elle le put comprendre : dans
cet embarras ils résolurent tous quatre
d'écrire là-dessus une lettre comme de
la part du roi d'Espagne à sa fille ; cette

lettre fut composée par Vardes, et traduite en espagnol; par le comte de Guiche, qui se piquoit de savoir plusieurs langues. Il lui mandoit le mépris que le roi faisoit d'elle, et l'amour qu'il portoit à la Valière, et mille choses de cette nature; car il est à remarquer que le dépit de madame duroit toujours contre la Valière, et que la comtesse enrageoit qu'on lui voulut ôter son amant pour elle.

La reine fut montrer cette lettre au roi, qui la fit voir à de Vardes, et s'en plaignit à lui comme à un fidèle ami. En vérité, il faut que l'amour soit une violente passion pour faire changer les inclinations en un moment; il est constant que de Vardes étoit de bonne

foi et la probité même ; il eut quelques
remords de cette perfidie envers son
roi.

Ils ne furent que depuis le Louvre
jusqu'à l'hôtel de Soissons, où il trouva sa maîtresse et ses confidens, les-
quels railloient le roi avec beaucoup
de liberté : ils le traitèrent de fanfaron,
qui prétendoit que l'amour ne devoit
avoir de douceur que pour lui : ils s'en
écrivoient souvent en ces termes, le
comte et madame, parce que le roi
avoit apporté quelques obstacles à
leurs visites.

Ce fut en ce temps-là qu'il se dé-
guisa en fille, où il fut vu dans la
chambre par la reine d'Angleterre ; et
ce fut aussi peu après que le roi lui

ordonna d'aller à Marseille, et de partir dans le même jour sans aller chez madame. Dieu sait s'il observa cet ordre; il y fut dans la même heure tout botté. « Eh bien ! madame, s'écria-t-il » de la porte; pour vous voir, je brave » le roi et les puissances souveraines; » trop heureux si vous seule, qui me » tenez lieu de tout, m'assurez qu'en » quelque lieu que ma misérable fortune me porte, vous me voudrez du » bien. Oui, madame, dans la douleur » qui me transporte, ni la colère du » roi, ni celle des reines ne m'est » point redoutable, j'appréhende la » rigueur qu'apporte une longue absence ».

Non, répartit madame, fondant en

larmes et l'embrassant ; non , mon cher comte, rien ne détruira jamais l'affection que je vous ai promise, et aussi bien que vous, je mépriserai toutes choses ; mais, mon cher, aimez-moi et ne m'oubliez jamais : et après bien des pleurs et des embrassemens, il fallut se séparer.

Peu de temps après, on trama de furieuses malices contre la vie de la Valière, et le roi, qui l'aimoit avec plus d'ardeur que jamais, et qui avoit connu la grandeur de sa passion à la proposition qu'on lui avoit faite de la marier, l'alloit voir trois fois par jour avec une assiduité qui marquoit bien son amour. Ce n'est pas qu'elle ne l'eût extrêmement grondé de l'avoir mise

en liberté, devant les reines, de se marier. « Etes-vous, lui dit-elle, celui
» même que j'ai vu me jurer, que la
» mort la plus cruelle ne l'est pas à
» l'égal de voir ce que l'on aime entré
» les bras d'un autre ? Etes-vous celui
» qui disoit, que dans ces occasions
» on se devoit servir des poignards et
» des poisons? Non, vous ne l'êtes
» plus; mais, pour mon malheur, je
» suis encore ce que j'étois, je vois
» bien cependant qu'il est temps que
» je travaille à trouver dans mon cou-
» rage de quoi me consoler de la perte
» que je ferai bientôt de votre cœur.

    » Mais, lui disoit le roi, mettez-vous
» en ma place, et au nom de Dieu,
» apprenez-moi ce que vous auriez

» répondu ? Que pouvois-je moins dire
» voyant une reine à l'extrémité me
» conjurer de vous marier ? Le moyen
» d'avoir la dureté de lui dire aussi
» cruellement que vous voulez, que je
» n'en ferois rien ; n'est-ce pas assez
» de dire que je ne m'y opposerois pas
» en cas que vous le voulussiez ? Est-ce
» que je devois encore douter de votre
» tendresse pour ne m'y pas fier ? Non,
» je vous fesois plus de justice en m'as-
» surant de la fidélité de votre cœur.
» Combien y en auroit-il eu qui, n'ayant
» pas tant d'aversion pour la trahison
» que moi, auroient tout accordé à
« une pauvre reine mourante ? Mais,
» graces à mon amour et à ma sincé-
» rité, je ne pus jamais obtenir sur

» moi que j'y travaillerois. Après cette
» scrupuleuse vertu, vous fierez-vous
» à moi, ne croirez-vous pas à mes
» paroles comme à vos yeux ?

« Il est certain, répliqua la Va-
» lière, que je vous crois beaucoup de
» vertu. Eh ! s'il se peut, mon cher
» prince, ayez autant d'amour ; car
» enfin je vous déclare aujourd'hui
» qu'il m'est facile de mourir, mais
» qu'il m'est impossible de me retirer
» d'un engagement aussi puissant que
» le vôtre, et que je renoncerai plu-
» tôt à la vie qu'aux charmantes espé-
» rances que vous m'avez données :
» ainsi aimez-moi : si vous cessez, je
» sens bien qu'après la perte de votre

» cœur, il n'y a plus rien à faire en la
» vie pour moi.

« Quelle indignité! s'écria le roi, en
» lui embrassant les genoux, si, après
» ce que je viens d'entendre, je pou-
» vois vivre pour une autre que pour
» vous ».

Après qu'il l'eut assurée d'une cons-
tance éternelle, il lui dit adieu jusqu'au lendemain. C'étoit, comme j'ai
déjà dit, dans ce temps-là que le roi
passoit presque toutes les nuits avec
elle, il ne la quittoit qu'à trois heures :
il n'en venoit que de partir, elle commençoit à s'endormir, quand sa petite
chienne l'éveilla par ses jappemens;
elle entendit du bruit à ses fenêtres, et
marcher dans sa chambre ; elle courut

dans celle de ses filles, tous les gens
de la maison virent des échelles de
cordes. Cela fit grand bruit, dès le ma-
tin le roi le sut, et alla la voir pour
être éclairci de la vérité.

Quand il l'eut su par elle-même, il
en fut épouvantablement troublé ; il
lui donna cette même semaine des
gardes et un maître-d'hôtel pour goûter
tout ce qu'elle mangeroit. Chacun en
philosopha à sa mode, mais les habiles
gens jugèrent bien de qui ce coup venoit.

Depuis cet accident, l'amour du roi
augmenta, et la peur de la perdre le
fit pâlir mille fois en compagnie. Madame, qui n'est pas tout-à-fait de cette
trempe, ne laissoit pas de se divertir,

quoique le comte de Guiche fût absent.
Un jour qu'elle causoit avec le roi, et
tâchoit encore de le séduire, elle laissa
tomber en tirant son mouchoir de sa
poche, une lettre que M. de Vardes
avoit écrite, et qui n'étoit autre chose
que la copie de celle qu'ils avoient
envoyée à la reine, contre la Valière
et son amant.

Jamais surprise ne fut si grande que
celle qu'eut le roi en lisant cette lettre;
et connoissant que de Vardes, à qui il
s'étoit confié, étoit complice de cette
malice, il en parla à Madame sans
emportement, mais avec une extrême
douleur, qui faisoit connoître la bonté
de son cœur. Elle qui ne se soucioit de
rien, pourvu qu'elle pût justifier le

comte de Guiche, avoua au roi toute
la menée de madame de Soissons et de
Vardes. Le roi envoya quérir ce dernier, et après lui avoir fait de sanglans
reproches de son infidélité, l'exila. On
ne peut s'imaginer le déplaisir de madame de Soissons à cette nouvelle,
que de Vardes lui apprit par un billet
que voici.

*Je vous représenterois, madame,
quelle est ma douleur, si je ne crai-
gnois de vous envelopper dans mon
malheur, que je recevrois avec beaucoup de courage, s'il ne me séparoit
pas de vous pour jamais. J'attends
de mon désespoir une prompte mort,
qui finira mes infortunes, et qui me
donnera le repos qu'il y a si long-temps*

H

que j'ai perdu. Au nom de Dieu,
madame, souvenez-vous quelquefois
de moi, comme d'un assez honnête
homme, que l'amour rend misérable,
et par un généreux effort, ne vous
abattez point de toutes les traverses
que vous aurez à souffrir. Ah ! ma-
dame, si je vous voyois dans ce mo-
ment, j'ouvrirois mon cœur à vos
pieds.

Madame l'alla voir et tâcha de la
consoler, l'assurant que M. de Vardes
reviendroit bientôt. Cela la remit un
peu : mais enfin ne voyant pas l'exé-
cution de ses promesses, elle perdit
patience, et alla, dans un de ses emportemens, trouver le roi, à qui elle
découvrit tout, ne se souciant pas de

se perdre, si elle perdoit le comte de
Guiche. Elle réussit : car le roi donna
ordre à son exil : il n'y eut que madame
qui s'en sauva, et depuis tout ceci, le
roi ne l'aima ni ne l'estima.

Pendant tout ce désordre, le cardinal
Mazarin, qui faisoit le dévot, demanda
au roi une audience particulière : le
roi la lui accorda : il l'entretint d'une
vision qu'il avoit eue, comme tout le
royaume alloit se bouleverser, s'il ne
quittoit la Valière ; de quoi il lui donnoit avis de la part de Dieu. « Et moi,
» repartit le roi, je vous donne avis de
» ma part, de donner ordre à votre
» cerveau, qui est en pitoyable état,
» et de rendre tout ce que votre oncle

» a dérobé ». Le duc lui fit un très-humble salut, et s'en alla.

Le pauvre père Annat, confesseur du roi, soufflé par les reines, l'alla aussi trouver, et feignit de vouloir quitter la cour, faisant entendre finement que c'étoit à cause de son commerce. Le roi en riant lui accorda tout franc son congé. Le père se voyant pris, voulut raccommoder l'affaire, mais le roi, en riant toujours, lui dit qu'il ne vouloit désormais que son curé. L'on ne peut dire le mal que tout son Ordre lui voulut d'avoir été si peu habile.

Deux ou trois mois après, la reine mère voulut faire son dernier effort : elle prit un ton de maternité et des termes de tendresse, après quoi elle supplia le roi de penser au scandale que son amour public faisoit. Le roi, qui n'entend pas raillerie sur ce chapitre, et qui est ferme, lui répartit : « Et quoi, madame ! doit-on croire » tout ce que l'on dit ? Je croyois que » vous deviez moins que personne prê- » cher cet évangile : cependant comme » je n'ai jamais glosé sur les affaires » des autres, il me semble qu'on en » devroit user de même pour les mien- » nes. »

La reine prudente se tut. Le soir au cabinet le roi se souvenant de cette conversation, dit tout haut qu'il ne pouvoit souffrir ces créatures, qui, après avoir vécu avec la plus grande liberté du monde, veulent censurer les

actions des autres : parce que les plaisirs les quittent, elles enragent qu'on
soit en état d'en goûter; et quand nous
serons las d'aimer et de vivre, nous
parlerons comme elles. « Voyez ma-
» dame de Chevreuse, dit-il, rien n'est
» plus hardi que cette femme à parler
» contre la galanterie des femmes ;
» encore une duchesse d'Aiguillon ,
» une princesse de Carignan, et géné-
» ralement toutes celles de la cour.
Ensuite se tournant vers Roquelaure :
« Ma foi, la galanterie a toujours été
» et sera toujours; les femmes dont on
» ne parle point, c'est qu'elles font leurs
» affaires plus secrètement et avec quel-
» que malhonnête homme, sans con-
» séquence, et que l'on ne pense point

» à elles ». Comme le roi étoit en belle
humeur, il parla un peu de toutes nos
dames, de madame de Chastillon, et
monsieur le prince; madame de Luynes
avec le président Tambonneau, la princesse de Monaco avec Pegelin; mesdames d'Angoulême, de Vitri, de
Vinne, de Soubise, de Brezy, pour
les desirés de la Feuillade, de Vivonne;
le Teillier, d'Humières; et rioit de tout
son cœur.

Le jour suivant, sa joie se changea
en douleur par un accident assez fâ-
cheux : car comme il étoit avec sa
maîtresse, propre, beau comme un
Adonis, qu'il étoit dans un de ces momens où on ne peut souffrir de tiers,
la belle fut prise de ce mal qui fait tant

crier, mais en fut prise avec tant de violence et des convulsions si terribles, que jamais homme ne fut si embarrassé que notre monarque. Il appela du monde par les fenêtres, tout effrayé, cria qu'on allât dire à mesdames de Montausier et de Choisi, qu'elles vinssent au plus tôt ; et une fille de la Valière courut à la sage-femme ordinaire. Tout le monde vint trop tard pour empêcher que la veste en broderie de perles et de diamans, la plus magnifique qui se soit jamais vue, ne portât des marques du désordre. Les dames arrivant, trouvèrent le roi suant à grosses gouttes, d'avoir soutenu la Valière dans les douleurs, qui avoient été assez cruelles pour lui faire déchi-

rer un collet de mille écus, en se pendant au cou roi ; elle ne pouvoit souffrir que d'autres mains approchassent
d'elle, que celles qui sont destinées à
manier des sceptres et des couronnes.
Enfin le roi fit des choses en cette occasion, d'autant plus propres à mar-
quer l'excès de son amour, qu'il avoit
ordinairement une extrême répugnance
à entrer seulement dans la chambre de
la reine lorsqu'elle étoit en cet état.
Mais tout cela n'est rien en comparaison de la sensibilité qu'il fit paroître,
lorsque la Valière, étant tombée dans
une syncope très-violente, madame
de Choisi s'écria : *Elle est morte.* Madame de Montausier se trouva mal ;
mais le roi faillit en mourir, et, fon-

I

dant en larmes, crioit de la manière du monde la plus douloureuse : Au nom de Dieu, rendez-la moi, et prenez tout ce que j'ai. Il étoit à genoux au pied de son lit, immobile comme une statue, si ce n'est que dans de certains momens il faisoit des cris si funestes et si douloureux, que les dames et les médecins fondoient en larmes. Enfin elle revint et regarda où étoit le roi; madame de Montausier le fit approcher de son lit; elle lui serra les mains, quoique très-foiblement ; mais la douleur du roi augmenta : on l'en arracha par force, et on le mit sur un lit. Ce fut un petit garçon qui donna tant de peine à notre maître, qui fut soulagé quelque peu après par des remèdes

souverains que les médecins y appor-
tèrent,

D'abord qu'elle eut quelque soula-
gement de ses douleurs, elle demanda
à madame de Montausier ce qu'il lui
sembloit de l'amour du roi : mais elle
le lui demanda comme en étant charmée elle-même. Madame de Montausier fut véritablement surprise de ce
qu'elle venoit de voir, et lui dit sincèrement qu'on ne pouvoit trop chérir
un prince qui aimoit si passionnément.
On ne peut dire avec quelle ardeur il
remercia nos dames : il les assura qu'il
auroit des reconnoissances royales des
services qu'elles lui venoient de rendre,
et en effet on voit assez qu'elles les ont
eues.

I 2.

Il étoit tous les jours cloué au chevet du lit de la belle, lui faisoit lui-même prendre ses bouillons, et mangeoit auprès d'elle. Cependant, quelque soin qu'il ait pu prendre, la Valière demeura presque percluse d'un côté, qui était bien plus foible que l'autre, avec une maigreur épouvantable, qui était cause qu'il n'y avait plus que l'esprit qui fesait aimer le corps.

Cependant le roi ne cessoit de parler de ses amours et de la joie qu'il y a d'aimer et d'être aimé. Un jour qu'il s'entretenoit avec le duc de St.-Agnan et madame de Montausier; sur une contestation qu'il y avoit entre le duc et la dame, des effets d'une prompte inclination, le roi lui écrivit ceci sur ses

tablettes par un effet de sa mémoire
ou de son esprit; j'ignore lequel, mais
toujours est-il certain qui leur montre
ces quatre vers.

Ah! qu'il est bien peu vrai que ce qu'on doit aimer,
Aussitôt qu'on le voit prend droit de nous charmer;
Et le premier coup-d'œil, n'allume point ses flammes
Où le ciel en naissant a destinés nos ames.

L'on doit bien penser combien cela
fut trouvé divin, combien ravissant. Il
voulut que madame de Montausier,
qui fait tout ce qui lui plaît, écrivit
aussi quelque chose de son amour;
elle s'en défendit tout autant qu'elle
put, et à la fin elle fit aussi ceux-ci
sur ce que le roi dit, qu'il étoit bien
résolu de satisfaire son cœur, et qu'il
se railloit de ces gens qui passoient

leur vie à blâmer ce que les autres
fesoient.

L'on ne peut vous blâmer des tendres mouvemens
Où l'on voit qu'aujourd'hui, penchent vos sentimens,
Et qu'il est mal-aisé que sans être amoureux,
Un jeune prince soit et grand et généreux !
C'est une qualité que j'aime en un monarque,
La tendresse d'un roi est une belle marque.
Et je crois que d'un prince, on doit tout présumer,
Dès qu'on voit que son cœur est capable d'aimer.

Le roi rendit bien les éloges que
madame de Montausier lui avoit don-
nés, et obligea le duc à invoquer aussi
sa muse, qui lui dicta ceux-ci.

Oui, cette passion de tenter la plus belle,
Traine dans un esprit cent vertus après elle,
Aux nobles actions elle pousse les cœurs,
Et tous les grands héros ont senti ses ardeurs.

Madame de Montausier étoit trop
spirituelle pour manquer une si belle
occasion de faire sa cour au roi, en lui
faisant connoître que sa joie ne seroi

pas parfaite, si la Valière ne voyoit
cette petite conversation en vers. Le
roi lui en sut bon gré, et dit qu'il seroit bon de l'embarrasser, en les lui
envoyant par un inconnu ; ce qu'il
firent ; et voyez ce que répondit la
Valière :

Est-il rien de plus beau qu'une innocente flamme ?
Qu'un mérite charmant allume dans notre ame,
Et seroit-ce un bonheur de respirer le jour,
Si d'entre les mortels on bannissoit l'amour ?
Non, non, tous les plaisirs se goûtent à le suivre,
Et vivre sans aimer n'est pas proprement vivre.

Le même qui lui apporta les tablettes
les rapporta. Le roi marqua autant
d'impatience de voir la réponse, et ouvrit les tablettes avec autant de désordre, qu'il en eût eu des nouvelles
du gain ou de la perte d'une grande
bataille ; tant il est vrai que la moindre

chose de la part de ce que l'on aime est
de conséquence aux véritables amans.
Il fut ravi d'y trouver des vers d'un
caractère si passionné, qu'il les crut
faits pour l'encourager à son amour;
aussi ne tarda-t-il pas long-temps à lui
en donner des preuves. Il fut aussitôt
chez elle; mais s'il la trouva avec sa
tendresse ordinaire, il la trouva aussi
en une mélancolie extrême, qui ne
venoit, lui disoit-elle, que de la peur
qu'elle avoit qu'il ne l'aimât pas toujours avec autant d'ardeur. « Car, con-
» tinua-t-elle, ne croyez pas que mon
» miroir ne m'apprenne bien que ma
» personne désormais n'est pas trop
» agréable. J'ai perdu presque tout ce
» qui peut plaire, et enfin je crains

» avec raison que vos yeux n'étant
» plus satisfaits, vous ne cherchiez
» dans les beautés de votre cour de
» quoi les contenter. Cependant j'ose
» dire que vous ne trouveriez jamais
» ailleurs ce que vous trouvez en moi.
» J'entends, j'entends tout, repartit le
» roi avec une passion extrême; oui,
» je sais que je ne trouverai jamais
» en personne ce divin caractère qui
» m'enchante, et que je ne trouverai
» jamais qu'en vous cet esprit admi-
» rable et charmant, qui fait qu'auprès
» de vous, dans les déserts effroyables,
» on pourroit passer sa vie sans cha-
» grin, et au contraire avec beaucoup
» de plaisir. Cessez donc d'outrager,
» par vos injustes soupçons, un prince

» qui vous adore, et croyez que je sais
» que jamais je ne trouverai en per-
» sonne ce cœur que j'estime tant, sur la
» bonne foi duquel je me repose, et de
» qui je m'imagine qu'il n'y a que lui
» qui aime comme je veux être aimé.
» Quelle peine aurois-je à discerner
» si ces coquettes aimeroient ma per-
» sonne ou ma grandeur, si la joie de
» voir un roi à leurs pieds ne leur don-
» neroit pas plus de plaisir que l'excès
» de mon amour leur donneroit de
» tendresse ? Mais pour vous, je suis
» persuadé que votre esprit est au-
» dessus des couronnes et des dia-
» dêmes ; que vous aimez mieux en
» moi la qualité d'amant passionné,
» que celle de roi grand et puissant ;

» qu'il est même des momens où vous
» voudriez que je ne fusse pas né sur
» le trône, pour me posséder en li-
» berté. Jugez donc si connoissant en
» vous des sentimens si vertueux et si
» héroïques, je pourrois jamais chan-
» ger en faveur de quelque beau petit
» visage que la moindre maladie pour-
» roit détruire ? Non, non, madame,
» croyez que je ne me suis point donné
» à vous par l'éclat de votre teint, et
» par le brillant de vos yeux : ç'a été
» par des qualités si belles, que vous
» ne me perdrez jamais qu'avec la vie;
» en un mot, ç'a été par votre ame,
» par votre esprit et par votre cœur,
» que vous m'avez fait perdre la li-
» berté.

» Que vous avez de bonté, mon cher
» prince, d'employer toute la force de
» votre éloquence pour assurer un cœur
» qui ne craint trop, que parce qu'il
» aime trop ! Que je suis heureuse
» d'aimer un prince qui connoît et qui
» pénètre si bien mes sentimens ! Oui,
» continua-t-elle en l'embrassant, vous
» avez raison de croire que votre gran-
» deur ne m'éblouit point, que je n'ai
» point regardé votre couronne en vous
» aimant, et que je n'ai envisagé que
» votre seule personne ; elle n'est,
» croyez-moi, que trop aimable pour
» se faire bien aimer sans le secours
» des trônes ni des sceptres ; et plût au
» ciel, ai-je dit mille fois en moi-même,
» que mon cher prince fût sans fortune

» et sans autre bien que ceux que la
» vertu lui donne, et pouvoir passer
» ma vie avec lui dans une condition
» privée, éloignée de la cour et de la
» grandeur. Mais mon amour ne m'a
» pas fait faire long-temps un souhait
» si injuste; je connois trop bien qu'au-
» cun des mortels n'est aussi digne de
» nous commander; que le ciel n'en
» pouvoit mettre un autre au-dessus
» de nous sans injustice; que des vertus
» aussi illustres que les vôtres, ne doi-
» vent être entourées que de pourpre
» et de couronnes.

» Quoique la modestie, répliqua le
» roi, m'ait fait entendre toutes ces
» louanges avec confusion, j'avoue ce-
» pendant que je vous ai écouté avec

» un plaisir sans égal; car enfin rien
» dans le monde n'est si doux que de se
» voir estimé de ce que l'on aime, et
» peut-on s'imaginer une plus grande
» satisfaction que celle-là ?

Mademoiselle de la Valière réitéra
encore que quand elle ne seroit plus
aimée du roi, elle prendroit le parti
de la retraite, en cas qu'il diminuât sa
tendresse pour elle; et on ne peut s'i-
maginer avec quelle passion le roi lui
répondit.

Après que le roi fut parti, la Valière
alla chez madame la princesse, où il y
avoit une bonne partie des dames de
la cour, et grand nombre d'hommes
bien faits. Quelque temps après, le roi
y arriva, sur le visage duquel il parois-

soit une grande satisfaction. Madame
la duchesse de Mazarin y dit deux ou
trois grandes naïvetés à M. de Roquelaure ; le prince de Courtenai , qui en
étoit amoureux , en eut tant de honte ,
qu'il en rougit , et que le roi s'en apperçut. Il se leva avec un emportement
de rire d'auprès du prince de Conti ,
et dit à mademoiselle de la Valière , à
demi - bas , qu'il la remercioit de ne
dire que d'agréables choses, et qu'il
mourroit s'il lui étoit arrivé la même
chose qu'au prince de Courtenai. La
Valière , en riant tout de même, lui
dit qu'elle avoit aussi à le remercier
d'avoir autant d'esprit qu'il en avoit ,
et qu'elle sentoit bien qu'elle ne se
consoleroit pas non plus que lui, si un

tel malheur lui étoit arrivé. A cette
assemblée, se trouvoient également
Madame et Chison : c'est le médecin
de la Valière, lequel a de l'esprit et
du facétieux. Dans un moment où ils
étoient un peu à l'écart, Chison, qui
sacrifioit tout pour le divertissement
de Madame, lui conta que le roi l'a-
voit envoyé quérir, et qu'il lui avoit
demandé avec une extrême émotion,
si effectivement mademoiselle de la
Valière pouvoit vivre, et si sa maigreur
n'étoit pas un mauvais présage. « Et
» que lui avez-vous répondu, reprit
» Madame ? Quoi ! reprit-il, votre al-
» tesse pouvoit-elle en être en doute ?
» Je vous assure que je l'ai assuré avec
» autant de hardiesse de la longueur

» de ses années, comme si j'avois eu
» lettre de Dieu; j'ai parlé en homme
» savant de la vie, de la mort, des des-
» tinées; il ne s'en est presque rien
» fallu, lorsque j'ai vu la joie du roi,
» que je ne lui aie promis une im-
» mortalité pour cette fille.

» Vrai Dieu, s'écria Madame, quels
» charmes secrets a cette créature,
» pour inspirer une si grande passion?
» Je vous assure, reprit Chison, que
» ce n'est pas son corps qui les four-
» nit. »

Vers le même temps, la Valière
envoya au roi, par un gentilhomme
de son frère, un habit et la garniture,
avec ce billet.

» Je vous avoue que je me sens un

K

peu de vanité, lorsque je pense que
je suis en état de pouvoir faire des
présens au plus grand roi du monde;
car vous voulez - bien, mon illustre
prince, que je sois persuadée que tout
ce qui vous vient de moi vousest agréable, et que vous estimez plus une marque de ma tendresse et de mon amitié,
que tous les trésors de votre royaume :
pensez un peu, en vous habillant, qu'il
n'est pas besoin d'être magnifique pour
me plaire. »

Cette lettre plut au roi, comme tout
ce qui venoit de la Valière. Voici ce
qu'il lui répartit.

» Oui, ma chère mignone, vous
êtes en état de me faire des présens,
et je les reçois avec plus de joie de

votre main, que je ne ferois tout l'empire de l'univers par celles de tous les hommes : mais, ma belle enfant, conservez - moi toujours le glorieux don que vous m'avez fait de votre cœur : car c'est celui-là qui m'oblige à regarder tous les autres avec plaisir ; ayez un peu d'envie de me voir avec l'habit que vous me donnez. »

Elle en eut une grande commodité ; car il le porta plus de quinze jours de suite : il lui en envoya, peu de temps après, six merveilleusement riches et superbes, avec une échelle et une ceinture de diamans, afin de monter avec plus de facilité au haut du Mont-Parnasse, et une veste comme celle de la reine, qui lui sied fort bien.

Elle étoit dans cet état, lorsque le roi alla à la revue qu'il fit de ses troupes à Vincennes, devant messieurs les ambassadeurs d'Angleterre. Voyant passer le carrosse de la Valière, il s'avança au galop, et fut une heure et demie à la portière, chapeau bas, quoiqu'il fît une petite pluie fort incommode ; et, en s'en retournant, il rencontra à douze pas de-là celui des reines, auxquelles il fit un grand salut.

La semaine suivante, ils allèrent tous deux seuls à Versailles, ne voulant point que mademoiselle d'Attigny y fût : tant il est vrai que dans l'amour le secret est plaisant. Cela me fait souvenir du cardinal légat, qui disoit un jour à M. de Créqui : Parbleu, mon-

sieur, mon plaisir diminueroit de la
moitié, si je croyois qu'on m'entendît.
A moitié chemin, des Fontaines, par
ordre du roi, lui prépara un grand re-
pas, duquel il eut cent louis. Il res-
tèrent six ou huit jours à Versailles,
et se divertirent à la chasse, à la pro-
menade, au lit, et à tout ce qu'ils vou-
lurent.

En s'en revenant à Paris, mademoiselle de la Valière tomba de cheval,
de quoi elle ne se seroit pas fait grand
mal, si elle n'eût été la maîtresse du
roi : mais à cause de cela il la fallut
saigner promptement ; je ne sais par
quelle raison elle vouloit que ce fût au
pied. Le roi, qui voulut y être, fit plus
de mal que de bien ; car il cria tant

aux oreilles du chirurgien, que la peur
lui fit manquer son coup. Son amant
devint pâle comme un linge : mais ce
fut bien autre chose quand on vit que
mademoiselle de la Valière, en reti-
rant son pied, fit rompre le bout de la
lancette. Le roi animé, comme si ce
misérable l'eût fait exprès, lui donna
un coup de pied de toute sa force, ce
qui en vérité est beaucoup dire, et
l'envoya d'un bout de la chambre à
l'autre. Il se jeta ensuite à sa place,
et prit le pied de cette admirable, en
attendant un autre chirurgien, qui lui
tira le bout de la lancette, et la saigna
fort bien. Elle fut pourtant obligée de
garder le lit un mois. Le roi différa
dix jours pour l'amour d'elle son

voyage à Fontainebleau, après lequel temps il fallut partir : mais tous les jours elle avoit des nouvelles du roi, et le roi en avoit des siennes, voici un des billets qu'elle lui écrivit.

» Mon Dieu ! qu'il est incommode d'aimer un prince aussi charmant que vous, on n'a pas un moment de repos, on craint même mille choses qui ne peuvent pas arriver ; enfin je vous veux souvent du mal d'être trop aimable. Plaignez donc ce cœur que vous rendez malheureux, excusez de toutes les peines que je vous donne de m'aimer triste, absente, importune, et, si j'ose le dire, jalouse. »

En voici la réponse.

» Le triste état où mon cœur me ré-

duit depuis que je ne vous vois pas,
mon enfant, est assez pitoyable, pour
vous obliger à partager mes chagrins,
et à être touché de pitié pour les maux
que votre absence me fait souffrir,
qui ne peuvent être adoucis par tous
les divertissemens que mon cœur me
fournit. Ainsi je puis être persuadé,
qu'il est des momens où vous souffrez
tout ce qu'une personne qui aime peut
souffrir. »

Une heure après que ce billet fut
parti, l'impatience du roi fut si grande
pour voir sa maîtresse, qu'il pria le duc
de Saint-Agnan de l'aller quérir, ne
le pouvant pas lui-même, à raison de
quelques affaires importantes, qu'on
traitoit pour lors dans le conseil. Le

duc partit aussitôt; et deux jours après nos deux amans goûtèrent la satisfaction qu'il y a de se voir après une si petite absence.

Cependant, il est un malheur inséparable des grandes jouissances, et des longues possessions ; les années ternissent les graces de la beauté ; l'habitude sait trouver moins de charme dans les qualités de l'esprit et du cœur d'où naît le dégoût et l'ennui. Un prince aimable et galant, peut bien alors céder aux séductions d'un sexe qui ne l'approche que pour tâcher de lui plaire.

De combien de soucis la Valière ne va-t-elle point payer les instans heureux qu'elle a passés dans les bras du

L

monarque ! sans parler de la princesse
de Monaco, dont il ne fut épris que
jusqu'au moment de la jouissance ; de
quel chagrin madame de Montespan
n'abreuva-t-elle pas les jours de cette
femme vraiment aimable !

Madame de Montespan passoit pour
une des plus belles personnes du monde.
Elle avoit encore plus d'agrément dans
l'esprit que dans le visage ; mais toutes ces qualités étoient effacées par les
défauts de l'ame. Elle étoit tellement
accoutumée aux plus insignes fourbe-
ries, que le vice ne lui coûtoit rien.
Elle étoit d'une des plus anciennes
maisons du royaume, et son alliance
autant que sa beauté, avoit été cause
que M. de Montespan l'avoit recher-

chée en mariage, et l'avoit préférée à quantité d'autres qui auroient beaucoup mieux accommodé ses affaires.

Madame de Montespan, qui n'avoit souhaité d'être mariée que pour pouvoir prendre l'essor, ne fut pas plutôt à la cour, qu'elle fit de grands desseins sur le cœur du roi.

Comme elle avoit une attention toute particulière sur sa personne, elle s'apperçut bientôt, à ses regards; et à ses actions, qu'il n'étoit pas insensible pour elle; et comme elle savoit que pour fomenter des sentimens amoureux, la présence est la chose du monde la plus nécessaire, elle fit tout son possible pour s'établir à la cour : ce qu'elle crut pouvoir faire si elle

entroit une fois dans la confidence de
madame de la Valière, qui, de son
côté, cherchoit une amie dans le sein
de laquelle elle put répandre les chagrins que lui causoit la froideur du roi.

Les avances que madame de Montespan faisoit à madame de la Valière,
lui ayant plu, il se lia une espèce d'a-
mitié entre ces deux dames, ou du
moins quelque apparence d'amitié; car
madame de Montespan, qui avoit son
but, n'avoit garde d'aimer de la
Valière, elle qui étoit l'unique obstacle à ses desseins. Le roi, qui se sentoit déjà quelque chose de tendre pour
elle, fut ravi de la voir tous les jours
avec madame de la Valière, qui en étoit
charmée pareillement, parce qu'elle

entroit adroitement dans tous ses
intérêts, et avoit une complaisance
toute particulière pour elle. Non seulement elle blâmoit en apparence le
roi de son indifférence ; mais encore
elle sembloit s'étudier avec elle à
chercher les moyens de le faire revenir ; mais elle savoit bien d'avance que
quand deux amans commencent à se
dégoûter l'un de l'autre, il est comme
impossible de les rapatrier.

Cependant le roi, pour avoir le plaisir de voir madame de Montespan,
alloit plus souvent chez madame de la
Valière qu'il n'avoit coutume ; et madame de la Valière se faisoit l'applica-
tion de ces nouvelles assiduités ; elle
en aimoit encore davantage madame

de Montespan, croyant que c'étoit par
ses soins qu'elle jouissoit plus souvent
de sa vue. Mais enfin, comme elle avoit
eu part dans les véritables affections de
son cœur, elle s'apperçut bientôt qu'il
y avoit du déguisement dans tout ce
qu'il lui disoit; que madame de Montespan la jouoit, et que le roi étoit
mieux avec elle, qu'elle n'avoit cru
jusques-là.

D'abord que ce soupçon se fut em-
paré de son esprit, elle les observa de
si près, qu'elle n'eut plus de doute
qu'on la trompoit; et sa passion ne lui
permettant pas de garder plus long-
temps le secret, elle s'en plaignit tendrement au roi, qui lui dit, qu'il étoit
de trop bonne foi pour l'abuser davan-

tage; qu'il étoit vrai qu'il aimoit madame de Montespan, mais que cela
n'empêchoit pas qu'il ne l'aimât comme
il devoit; qu'elle se devoit contenter
de tout ce qu'il faisoit pour elle, sans
desirer rien davantage, parce qu'il
n'aimoit pas à être contraint.

Une réponse si sèche, faite avec
cet air d'autorité que le roi savoit
si bien prendre quand il vouloit,
jeta Valière dans un accablement
qu'on ne peut exprimer. Elle pleura,
et dans le vif sentiment d'une douleur
qui ne lui laissoit qu'à peine la liberté
de parler, elle dit au roi : « Est-ce ainsi
» que vous m'aimez, et que vous per-
» dez le souvenir d'une passion qui
» devoit toujours vous être chère. Vous

» ne m'écoutez qu'avec peine; vous
» évitez mes regards accoutumés au
» plaisir de voir les vôtres favorables.
» Ah! sire, souvenez-vous que vous
» m'avez promis de m'aimer toujours;
» songez que ce que vous faites aujour-
» d'hui est un manquement de foi que
» l'amour n'est pas capable de faire
» pardonner. Que sont devenues les
» promesses que vous m'avez faites
» tant de fois ! s'il est vrai que vous
» m'ayez tendrement aimée, comment
» pouvez-vous, selon vos principes!
» *vous empêcher de m'aimer toujours?*
» C'est ainsi que vous rassuriez autre-
» fois celle que vous abandonnez au-
» jourd'hui; et c'est par ces belles
» paroles que vous tâchiez de dissiper

» la trop juste crainte que j'avois de
» vous perdre. Vous n'êtes plus per-
» suadé *qu'il n'y a que mon cœur au*
» *monde qui soit capable d'aimer*
» *comme vous voulez être aimé.* Je
» suis bien aise de pouvoir fonder mes
» justes plaintes sur vos propres pa-
» roles, et de vous dire *qu'encore que*
» *mon cœur n'ait point changé, le*
» *vôtre n'a pas laissé de le faire* ».

Tout cela ne fut pas capable d'at-
tendrir le roi. Son parti étoit pris, et
il lui dit pour la seconde fois, que si
elle vouloit qu'il continuât de l'aimer,
elle ne devoit rien exiger de lui au-delà
de sa volonté : qu'il desiroit qu'elle
vécût avec madame de Montespan
comme par le passé, et que si elle té-

moignoit la moindre chose de désobli-
geant à cette dame, elle l'obligeroit à
prendre d'autres mesures.

La volonté du roi servit] de loi
à la Valière. Elle vécut avec madame
de Montespan dans une concorde
qu'on ne devoit point vraisembla-
blement attendre d'une rivale , et
elle surprit tout le monde par sa conduite, parce que tout le monde commençoit à être persuadé que le roi se
retiroit d'elle peu à peu, et se donnoit
entièrement à madame de Montespan.

Cependant, comme le roi ne pouvoit souffrir qu'un mari partageât avec
lui les faveurs de sa maîtresse, il résolut de l'éloigner sous prétexte de lui
donner de grands emplois. Mais ce

mari, ayant l'esprit peu complaisant, refusa tout ce qu'on lui offrit, se doutant bien que le mérite de sa femme contribuoit plus à son élévation, que tout ce qu'il pouvoit y avoir de recommandable en lui.

Madame de Montespan, qui avoit pris goût aux caresses du roi, ne pouvant plus souffrir celles de son mari, ne lui voulut plus rien accorder; ce qui mit M. de Montespan dans un tel désespoir, que quoiqu'il l'aimât tendrement, il ne laissa pas de lui donner un soufflet. Madame de Montespan, qui se sentoit alors de l'appui, le maltraita extrêmement de paroles, et s'étant plaint au roi de son procédé, il exila M. de Montespan, qui s'en alla avec ses enfans dans son pays, proche les Pyrénées. Il prit là le grand deuil, comme si véritablement il eût perdu sa femme.

Quelque temps après que M. de Montespan fut parti, son épouse devint grosse : et quoiqu'elle s'imaginât bien que tout le monde savoit ce qui se passoit entre le roi et elle, cela n'empêcha pas qu'elle eût de la confusion qu'on la vît dans l'état où elle étoit. Cela fut cause qu'elle inventa une nouvelle mode, fort avantageuse pour les femmes qui vouloient cacher leur grossesse : ce fut de s'habiller comme les hommes, à la réserve d'une jupe sur laquelle, à l'endroit de la ceinture, on tiroit la chemise que l'on faisoit bouffer

le plus qu'on pouvoit, et qui cachoit
ainsi le ventre.

Cela n'empêcha pourtant pas que
toute la cour ne vît bien ce qu'il en
étoit : mais comme il s'en falloit peu
que les courtisans n'adorassent ce
prince, leur encens passa jusqu'à sa
maîtresse, chacun commençant à re-
chercher ses bonnes graces.

Le terme de ses couches arrivé, une
femme-de-chambre, en qui le roi et
elle se confioient particulièrement,
monta en carrosse, et fut dans la rue
Saint-Antoine, chez le nommé Clément, fameux chirurgien-accoucheur,
à qui elle demanda s'il vouloit venir
avec elle pour en accoucher une qui

étoit en travail. Elle lui dit en même
temps, que s'il vouloit venir, il falloit
qu'on lui bandât les yeux, parce qu'on
ne desiroit pas qu'il sût où il alloit.
Clément, à qui de pareilles choses ar-
rivoient souvent, voyant que celle qui
le venoit quérir avoit l'air honnête,
et que cette aventure ne lui présageoit
rien que de bon, dit à cette femme
qu'il étoit prêt de faire tout ce qu'elle
voudroit ; et, s'étant laissé bander les
yeux, il monta en carrosse avec elle,
d'où étant descendu après avoir fait
plusieurs tours dans Paris, on le con-
duisit dans un appartement superbe,
où on lui ôta son bandeau.

On ne lui donna pas cependant le
temps de considérer le lieu ; et devant

que de lui laisser voir clair, une fille
qui étoit dans la chambre éteignit les
bougies : après quoi le roi, qui s'étoit
caché sous le rideau du lit, lui dit de
se rassurer et de ne rien craindre. Clément lui répondit qu'il ne craign oi
rien, et s'étant approché, il tâta la
malade; et voyant que l'enfant n'étoit
pas encore prêt à venir, il demanda au
roi, qui étoit auprès de lui, si le lieu
où ils étoient étoit la maison de Dieu,
où il ne fût permis ni de boire ni de
manger; que pour lui, il avoit grand
faim, et qu'on lui feroit plaisir de lu
donner quelque chose.

Le roi, sans attendre qu'une des
deux femmes qui étoient dans la chambre s'entremît de le servir, s'en fut en

même temps lui-même à une armoire,
où il prit un pot de confitures qu'il lui
apporta ; et lui étant aller chercher du
pain d'un autre côté, il le lui donna de
même, lui disant de n'épargner ni l'un
ni l'autre, et qu'il y en avoit encore
au logis. Après que Clément eut man-
gé, il demanda si on ne lui donneroit
point à boire. Le roi fut quérir lui-
même une bouteille de vin dans l'armoire, avec un verre, et lui en versa
deux ou trois coups l'un après l'autre.
Comme Clément eut bu le premier
coup, il demanda au roi s'il ne boiroit
pas bien aussi ; et le roi ayant répondu
que non, il lui dit que la malade n'en
accoucheroit pourtant pas si bien, et
que s'il avoit envie qu'elle fut délivrée

promptement, il falloit qu'il but à sa santé.

Le roi ne jugea pas à propos de répliquer à ce discours; et dans ce moment une douleur ayant pris madame de Montespan, cela rompit la conversation. Cependant elle tenoit les mains du roi, qui l'exhortoit à prendre courage, et demandoit à chaque moment à Clément si l'affaire ne seroit pas bientôt faite. Le travail fut assez rude , quoiqu'il ne fut pas bien long, et madame de Montespan étant accouchée d'un garçon, le roi en témoigna beaucoup de joie. Mais il ne voulut pas qu'on le dit sitôt à madame de Montespan, de peur que cela ne fût nuisible à sa santé.

M

Clément ayant fait tout ce qui étoit de son métier, le roi lui versa lui-même à boire, après quoi il se remit sous le rideau du lit, parce qu'il falloit allumer de la bougie, afin que Clément vît si tout alloit bien avant que de s'en aller. Clément ayant assuré que l'accouchée n'avoit rien à craindre, celle qui l'étoit allé quérir lui donna une bourse où il y avoit cent louis d'or; elle lui rebanda les yeux après cela; puis l'ayant fait remonter en carrosse, on le remena chez lui avec les mêmes cérémonies; je veux dire qu'on lui banda les yeux comme on avoit fait en l'amenant.

Madame de Montespan avoit infiniment de finesse dans l'esprit; et comme elle savoit qu'il n'est rien de si inconstant que l'amour, et de si mobile que la fortune, elle voulut du moins se faire des amis; ce que n'avoit point fait madame de la Valière, qui, pour montrer qu'elle n'aimoit que le roi, ne s'étoit jamais intéressée pour personne. Aussitôt donc que l'on s'apperçut du crédit de cette nouvelle favorite, chacun s'empressa autour d'elle, et l'on s'éloigna de madame de la Valière. Celle-ci s'en plaignant un jour au maréchal de Grammont, il lui répondit que pendant qu'elle avoit sujet de rire, elle auroit dû avoir soin de faire rire les autres avec elle; si, pendant qu'elle avoit sujet de pleurer, elle vouloit que les autres pleurassent aussi.

Se voyant ainsi abandonnée de tout le monde, la Valière résolut de quitter la cour et de se mettre dans un couvent. Elle laissa donc son amant entre les bras de sa rivale, et se retira aux Carmélites, pour y terminer le reste de ses jours.

A quelque motif que l'on puisse attribuer sa retraite, la suite de sa vie a fait voir que si le dépit la causé, la réflexion et le repentir l'ont soutenue. Elle pouvoit passer ses jours dans une entière séparation du monde et dans les douceurs d'une vie privée, comme ont fait tant d'autres dames ; mais voulant, par une conduite édifiante, réparer ses désordres passés, elle prit l'habit de religieuse, et après avoir soutenu

jusqu'au bout, sans aucune distinction,
toutes les rigueurs de son ordre, elle
mourut dans les sentimens d'une sincère pénitence.

FIN.

NOTICE

De quelques Nouveautés qui ont paru depuis environ deux mois, et qui se trouvent chez PIGOREAU, *Libraire, place Saint-Germain l'Auxerois.*

On trouve également chez le même libraire une grande collection de Romans, tant anciens que nouveaux, tant in-12 qu'in-8°. et dans les prix les plus modérés. Les libraires y jouiront de tous les avantages que l'on pourroit leur proposer par-tout ailleurs.

f. c.

Edmont et Cécile, ou le Nouveau Werther, 2 vol. in-12,   3

Don-Quichotte à Paris, 3 vol. in-12,   5

  (Il n'en reste plus qu'un très-petit nombre d'exemplaires).

Emilia, ou les Epoux réunis, 3 vol. in-12,   5

Alozan le Terrible, ou l'Ennemi Juré
des Anglais, 4 vol. in-12, fig. 6

Les Chevaliers du Lion, 6 volumes
in-12, fig. 12

Paulina, par madame de la Grave,
2 vol. in-12, 3

Georges, ou le Favori de la fortune,
4 vol. in-12, fig. 7 50

Victor de Martignes, ou suite de la
Rentière, 4 vol. in-12, 6

Correspondance secrette entre Ninon de
l'Enclos, le marquis de Villarceaux
et madame de Maintenon, 1 vol.
in-12, portrait, 2 50

Le Naturaliste du second âge, ouvrage
orné de plus de cent figures, repré-
sentant des animaux, etc., 1 vol.
in-8°. 4

www.ingramcontent.com/pod-product-compliance
Lightning Source LLC
Chambersburg PA
CBHW050015100426
42739CB00011B/2650